역사 속의 색채

과학과 예술의 만남

KB140083

역사 속의 색채

과학과 예술의 만남

김관수 지음

머리말

색채란 존재하는가? 숨을 쉴 때 들이마시는 공기는 눈에 보이지 않지만 우리를 둘러싼 공간에 존재한다. 앞에 놓인 갈색의 탁자나 그 위에 놓인 붉은 사과의 존재는 시각으로 확인할 수 있다. 색채도 시각에 의해 인지될 수 있지만, 탁자나 사과의 존재처럼 그렇게 존재하는 것은 아니다. 완전한 암흑 속에서 앞에 놓인 탁자와 사과는 보이지 않아도 여전히 존재한다. 그러나 어둠 속에서는 갈색도 붉은색도 사라져서 색깔 없는 탁자와 무색의 사과가 존재한다. 어두워서 색깔이 보이지 않는 것이 아니라 빛이 없으므로 색깔은 없어지고 존재하지 않는다. 그래서 누군가는 "색채는 빛의 자식이다"라고 했다. 앙리 마티스가 그린 '붉은 스튜디오'의 강렬한 붉은색도 빛이 없이는 존재하지 않는다. 캔버스에 칠해진 카드뮴레드라는 안료가 가시광선의 특정 파장만을 흡수하고 나머지 빛을 산란함으로서 강렬한 붉은색을 보여주는 것이다. 암흑 속에서 카드뮴레드는 캔버스 위에 여전히 존재하지만 적색은 더 이상 존재하지 않는다.

물체나 물질이 색깔을 띠는 원인은 여러 가지가 있다. 우리 주위에서 가장 흔히 볼 수 있는 경우는 빛과 물체의 상호작용에 의한 색깔의 생성이다. 그리고 이러한 빛과 물체의 상호작용에 의한 색깔 생성의 메커니즘은 매우 다양하다. 커트 나사우 교수는 그의 저서 '색깔의 물리학과 화학(The Physics and Chemistry of Color)'에서 빛과 물체의 상호작용에 의한 색깔 생성의 메커니즘을 무려 15가지로 분류하여 설명하고 있다. 세 가지만 예를 들어보자.

첫째는 물질이 빛의 가시광선을 흡수함으로써 색깔을 띠는 경우이다. 빈센트 반 고흐의 '해바라기' 그림들의 노란색은 크롬옐로라는 안료가 빛의 청색 부분을 흡수하기 때문에 생긴다. 익은 토마토가 붉게 보이는 것은 표면의 색소 리코펜이 가시광선의 녹색과 청색과 보라색 부분을 모두 흡수하고 남은 붉은색 부분만을 우리가 보기 때문이다.

둘째 메커니즘은 물체가 빛을 굴절시킬 때 색깔이 생기는 경우이다. 프리즘에 빛을 통과 시키면 가시광선이 분산되어 모든 색깔들이 나타나서 무지개처럼 보인다. 파장이 짧은 보라색의 굴절이 가장 크고 파장이 긴 붉은색의 굴절이 가장 작으므로 가시광선이 분산되어 무지개 색을 보여준다. 실제 무지개도 비 온 후 공중에 흩어져 있는 수많은 물방울들이 햇빛을 프리즘처럼 굴절시키기 때문에 생기는 것이다.

세 번째 메커니즘은 물체가 빛을 산란시켜 색깔을 보여주는 경우이다. 하늘이 푸른색으로 보이는 이유는 태양 빛이 공기 입자에 의해 산란될 때 파장이 짧은 푸른색이 더 많은 양 산란되고 산란된 푸른색 빛이 상하좌우 모든 방향으로 퍼져나가기 때문이다. 따라서 우리가 하늘을 쳐다보면 산란된 푸른색 빛을 보게 된다.

그러나 동일한 색깔도 보는 사람에 따라 상당히 다르게 보일 수 있다. 인간의 망막에는 색채를 인지하는 세포들이 있는데 색깔 인지 세포가 유전적 요소에 의해 미세하게 달라질 수 있으며, 이 작은 차이가 사람들이 색깔을 다르게 인지하도록 만든다. 이는 색채 인지에 주관적 요소가 개입한다는 과학적 근거 중의 하나이다. 그러나 색채는 또한 객관적 요소인 색상, 채도, 명도의 크기에 의해 정량적으로 기술될 수 있다. 즉 색채에는 주관적 요소와 객관적 요소가 모두 관여한다. 그 때문에 색채는 오랫동안 예술과 과학이 함께하는 연구와 실험의 대상이 되어왔다. 독일의 유명한 철학자이자 작가인 요한 볼프강 폰 괴테는 유명한 '색채론'을 저술했다. 위대한 물리학자인 아이작 뉴턴은 가시광선의 분산과 결합에 대한 연구를 비롯한 광학분야의 연구에 업적을 남겼다. 그러나 뉴턴과 괴테 시대 이후로 색채의 예술과 색채의 과학은 점점 더 별개의 것으로 취급되어졌고 이 같은 결별은 색채에 관한 의미 있고 흥미로운 측면들을 일부 잃어버리게 만들었다.

그러나 이 책에서는 예술과 과학의 융합을 굳이 강조하지 않으려 한다. 색채의 역사를 기본 주제로 다루지 않으며 색채의 과학을 설명하려는 것도 아니다. 색채에 관련된 옛 이야기를 소개하며 그 속에서 과학과 예술이 자연스럽게 만날 수 있도록 했다. 색채와 관계된 8

가지 이야기를 골라 본문의 주제로 삼았고, 다른 한 가지 주제 '고구려 고분벽화'는 부록에 수록하였다. 이 책에 서술된 내용 중에 필자가 직접 실험이나 계산으로 밝히거나 찾아 낸 것은 없으며 다른 이들의 연구결과나 잘 알려진 사실들을 소개하였다. 일부의 서술은 다른 이들의 연구결과에 근거하여 저자가 추론한 것이며, 일부는 여러 가설이나 이론 중에서 필자가 옳다고 생각한 것을 채택한 것이다.

처음에는 '역사 속의 색깔'이라는 제목을 생각해 보았으나, 색깔이라고 하면 색깔론 등 정치적이거나 이념적 용어로 오해될 수 있고 흑백의 인종문제로도 오해될 소지가 있어서 색채로 결정하였다. 그렇게 '역사 속의 색채'라는 제목으로 학생들에게 5년간 강의하고 그들과 토론하면서 이 책의 줄거리가 확립되었다. 진지하게 강의를 듣고 열정적으로 발표와 토론에 참여했던 학생들에게 고마운 마음을 전한다. 편집을 위해 애써주신 이담북스출판사 유나 편집자에게도 감사드린다. 마지막으로 이 책이 출간될 때까지 힘이 되어주고 격려를 아끼지 않은 보현, 아미, 영주, 지예, 수환에게 깊이 감사한다.

2020년 6월

Contents

"우리가 흔히 미개했으리라고 오해할 수도 있는 수만 년 전 인류의 조상은 예술의 시작을 알리는 채색 동굴벽화를 그렸다. 안료의 원료 물질을 찾아내고 그것으로부터 적절한 방법으로 안료를 제작하였으며, 안료에 접착제를 섞어 벽화를 그리는 여러 가지 방법을 고안했다. 그리고 그것은 현재의 기준으로 볼 때도 최고 수준의 예술품이다."

01

「색채」
동굴에서 태동하다

인간만이 아니라 동물도 색깔을 인지한다. 그러나 인간이 볼 수 있는 가시광선의 영역과 다른 동물이 인지할 수 있는 빛의 영역은 조금씩 다르다. 예를 들면 다람쥐원숭이 수컷은 붉은색을 전혀 감지하지 못한다. 꿀벌은 붉은색을 감지하지 못하는 대신에 인간이 보지 못하는 자외선 영역을 볼 수 있다.

곤충이든 포유류든 색깔을 인지하는 능력은 생존을 위한 필수 도구로써 발달했을 것이다. 인간의 먼 조상도 나뭇잎이 우거진 숲속에서 새로 나온 연두색 잎이나 잘 익은 과일의 색깔을 구별해내는 기술이 식량 해결에 필수적이었을 것이다. 또한 붉은색을 인지하는 것도 피를 흘릴 때 신속히 대처하는 데 도움이 되었을 것이다.

그러나 인간의 색깔 감지 능력은 단순히 생존을 위한 도구만으로 머물지 않았다. 인류의 조상은 자연으로부터 보고 배운 색깔을 재현하려고 하였을 것이다. 물건이나 옷을 물들이고 무엇인가에 색을 칠하려고 했을 것이다. 다만 세월이 지나면 안료는 사라진다. 염료도 섬유와 함께 긴 시간을 견디어내지 못하기 때문에 수만 년 전의 색채를 추적할 수 있는 유물은 거의 남아 있지 않다.

그러나 햇빛이 닿지 않고 인간의 손이 한동안 미치지 않았던 어두운 동굴 속에는 수만 년 전에 그려진 아름다운 채색 벽화가 남아있다. 구석기시대에 그려진 이 동굴벽화들은 인간의 조상이 남긴 현존하는 가장 오래된 채색 유물로 세계 곳곳에 산재한다. 일부 소설과 영화 또는 기록에서는 고대문명이 태동하기 훨씬 전 그리고 농사를 짓기도 전인 수렵채집 시대의 인류 조상을 미개했다고 묘사하기도 한다. 그러나 놀랍게도 수만 년 전부터 1만여 년 전에 이르기까지 구석기시대 인류의 조상이 남겨놓은 채색 동굴벽화들은 현대의 기준으로 보아도 대단히 세련되고 아름다운 작품이다. 실제로 이들 동굴벽화가 처음 발견되었을 때 전문가를 포함한 많은 사람들이 도저히 구석기시대 사람들에 의해 그려졌으리라 상상조차 할 수 없었다. 구석기시대의 작품임을 인정하려 하지 않았다.

알타미라 동굴벽화

아마추어 고고학자였던 마르셀리노 산즈 데 사우투올라는 1879년 어느 날 그의 여덟 살 난 딸 마리아와 함께 스페인 북부 알타미라 초원에 있는 한 동굴을 찾았다. 그 동굴 입구는 그보다 11년 전에 이미 어떤 사냥꾼이 발견한 것이었고 그 후 동굴에서 원시인들의 주거 흔적과 동물들의 흔적이 발견된 바 있었다. 사우투올라가 선사시대 유적 시료들을 채취하기 위해 동굴 바닥을 살피고 있는 동안 횃불을 들고 이리 저리 다니며 신나게 놀고 있던 마리아가 갑자기 "봐요, 아빠, 황소!"라고 소리 질렀다. 사우투올라는 마리아가 가리키는 동굴 천장을 쳐다보는 순간 그의 눈을 의심하지 않을 수 없었다. 수만 년을 어둠 속에 숨어 있던 인류의 위대한 유산이 처음 모습을 드러낸 것이다. 사우투올라는 직관적으로 그것이 선사시대의 작품임을 깨달았다. 놀라운 채색벽화, 그것은 황소가 아니라 붉은색과 검은색의 거대한 들소들이었다. 천장에는 여러 마리의 들소, 멧돼지, 사슴, 야생마 등 더 많은 그림들이 그려져 있었다. 그는 마드리드대학의 한 교수의 도움으로 그 벽화들이 구석기시대의 것이라는 연구결과를 발표하였다.

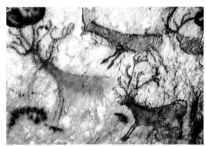

들소. 알타미라 동굴   붉은 사슴. 알타미라 동굴

알타미라 동굴의 동물 그림들은 생동감이 넘치고 명암법을 사용하여 동물들의 볼륨도 보여주고 있으며 색깔과 선 하나 하나가 매우 우아하다. 놀라울 정도로 세련되고 아름다운 벽화들을 본 전문가

들과 학자들은 그것을 선사시대 사람들의 작품이라고 도저히 받아들일 수 없었다. 오히려 사우투올라가 사람들을 동원해 그림을 조작했다며 위조범과 사기꾼으로 몰아세웠고 사우투올라는 벽화를 발견한지 9년 후에 57세의 나이로 쓸쓸히 삶을 마감하였다. 그의 발견을 무시하고 사기로 몰아갔던 학계의 저명학자들은 사우투올라가 죽은지 14년이 지난 후에야 그들의 실수를 인정하고 알타미라 동굴의 벽화가 선사시대 것임을 인정하게 된다. 사우투올라의 여생을 곤혹스럽게 만들었던 그 대가들은 이미 고인이 된 사우투올라에 대해서는 제대로 된 사과를 하지 않았다. 이처럼 알타미라 벽화는 한 때 서양 문화계를 풍미한 화두였으며, 지금도 서양 미술사의 한 아이콘으로 남아 있다. 우리나라 소설 중 이문열의 '들소'도 알타미라 동굴에 관계된 내용을 담고 있다.

알타미라 동굴은 길이가 270m이고 주 경로의 높이는 2에서 6m에 이르며, 꾸불꾸불한 통로를 따라 여러 개의 방이 연결되어 있다. 화려한 천장 그림이 발견된 주 회랑은 '다색채 방' 또는 '선사시대의 시스틴 성당'이라 불린다. 시스틴 성당은 로마의 바티칸 박물관의 일부로 보존되어 있으며, 미켈란젤로의 유명한 프레스코 벽화인 '천지창조'와 '최후의 심판'이 천장과 벽에 그려져 있다. 그 외에도 미켈란젤로와 르네상스 시대의 다른 화가들의 화려한 그림들이 천장과 벽에 그려져 있다. 알타미라 동굴에는 천장 벽화만이 아니라 어떤 방에서는 길이가 2.25m나 되는 그림이 벽에 그려져 있으며 들소, 말, 노루 등 동물들의 그림 외에 사람의 손 모양도 벽에 찍혀 있다.

사우투올라가 알타미라 동굴의 벽화를 발견했을 당시에는 벽화의 제작연대를 직접 측정할 방법은 없었다. 벽화 주변의 유물들이나 다른 증거들로 제작연대를 간접적으로 추정하던 시기였다. 그 후 정립된 탄소동위원소연대측정법에 의한 연구결과에 의해 알타미라 동굴의 일부 벽화들이 1만 3천 5백년 전에서 1만 9천 년 전에 그려졌음이 판명되었다. 탄소동위원소연대측정법으로 동굴벽화의 제작연대를 측정하기 위해서는 벽화에 사용된 안료가 탄소(C)를 포함하고 있거나 벽화제작 당시에 남은 흔적들이 탄소를 포함하고 있어야 한다.

많은 동굴벽화들은 탄소동위원소측정법으로 그 연대를 측정하기 어렵다. 벽화 위에 얇게 형성된 탄산칼슘(석회석) 층이 있다면 새로운 방법인 우라늄-토륨연대측정법으로 탄산칼슘의 형성 연대를 측정하여 벽화의 제작연대를 추정할 수 있다. 이 새로운 우라늄-토륨연대측정법에 따르면 알타미라 벽화 중 들소 그림의 아래층에 그려져 있는 곤봉 같이 생긴 기호는 무려 3만 5천 6백 년 전의 것임이 2012년에야 밝혀졌다. 알타미라 벽화들이 모두 한꺼번에 그려진 것이 아니라, 2만 년 가까운 오랜 세월에 걸쳐 계속 그려졌으며, 어떤 것은 오래된 밑의 그림을 지우고 그 위에 그려진 것이다.

알타미라 동굴벽화는 약 1만 3천 년 전에 동굴 입구가 바위로 막히면서 벽화를 포함한 내용물들이 고스란히 보존될 수 있었다. 동굴이 일반인들에게 개방된 후 관람객들이 내뿜는 이산화탄소는 벽화의 일부를 손상시켰고 이에 따라 1977년부터는 일반인의 출입이 금지되었다. 1982년부터는 제한된 숫자의 관람객만을 입장시켰으나 역시 벽화의 손상이 진행되었으므로 2002년에 다시 일반인 출입이 금지 되었다. 그 대신 2001년 동굴 가까운 곳에 동굴 일부와 벽화 일부를 복제한 박물관을 건설하였다. 한때는 박물관 관람객의 극히 일부는 제비뽑기에 의해 원래의 알타미라 동굴에 들어가 몇 분간의 짧은 시간 동안 진품 벽화를 감상하는 행운을 누릴 수 있었다. 다행히 관람객 출입이 금지된 후 벽화는 더 이상 손상되지 않음이 확인되고 있다.

구석기 동굴벽화에 사용된 안료는 흙으로부터 구하거나 혹은 광산에서 채취하거나 나무를 불태워 얻은 것들이었다. 목재를 불완전 연소시켜 얻은 목탄(숯)이 흑색 안료로 주로 사용되었다. 목탄은 나무로부터 얻은 것이므로 주성분은 탄소(C)이다. 동물 뼈를 태워서 얻은 골탄도 때때로 흑색 안료로 사용되었는데, 골탄의 주성분은 인을 포함하고 있는 수산화인회석이지만 7—10%의 탄소도 성분으로 포함되어있다. 어떤 동굴벽화에는 흑색 안료로 연망간석이 사용된 경우도 가끔 있다. 광물성 안료인 연망간석의 주성분은 이산화망간(MnO_2)이다. 흰색 안료인 백묵은 석회석에서 얻은 것이었으며 그것의 주성분은 탄산칼슘($CaCO_3$)이다. 흰색 안료 대신에 이미 칠해진 벽화의 일정 부분의 안료를 긁어 제거하여 바닥이 드러나게 함으로써 흰색처럼 보이게 한 경우도 있었다. 알타미라 동굴벽화 중 하나인 '들소'에서는 검은색 목탄을 사용하여 들소의 윤곽과 배의 아래 부분과 다리를 칠했다. 들소의 흰색 부분은 안료를 긁어내어서 흰색 효과를 낸 것이다.

구석기시대 동굴벽화에서 가장 많이 사용된 안료는 적색의 석간주(주토)와 황색의 황토였다. 들소의 적색 몸통은 석간주로 채색되었고 황색 안료는 황토이다. 일부 동굴벽화에서 갈색조를 띠는 부분은 석간주와 연망간석을 섞어서 칠한 것이다. 더 알아보자. 토양 광물성 안료로서 적색의 석간주와 황색의 황토는 둘 다 실리카와 점토와 산화철(III)이 섞여 있는 혼합물로서 두 안료에서 색깔을 내는 주성분은 산화철(III)이다. 산화철(III)이 그 자체로 고체 결정을 이룰 때는 붉은색의 석간주가 된다. 그러나 이 산화철(III)에 물 분자(H_2O)가 포함되어 결정을 이룰 때는 노란색의 황토가 된다. 여기서 물 분자는 단순히 물을 의미하지 않는다. 즉, 석간주가 젖어 있다거나 혹은 석간주에 물을 적절히 섞으면 황토가 된다는 말이 아니다. 석간주에서는 산화철에 있는 산소 이온들과 철 이온들이 적절한 위치에 배치되었을 때 결정을 이루어 적색을 띤다. 황토에서는 산소 이온들과 철 이온들 사이에서 물 분자들이 결정의 일부 위치를 차지하여 결정 모양이 달라짐으로써 황색을 띠게 된다. 물이나 얼음은 대단히 많은 수의 분자가 모여 있는 경우이지만, 황토에 포함된 물 분자(H_2O)들은 하나하나가 결정의 적절한 위치에 따로 존재하므로 그것은 물도 아니고 얼음도 아닌 H_2O 분자 자체이다. 이들 토양 안료들의 색깔은 입자 크기에 따라서도 달라진다. 산화철(III) 입자 크기가 적색의 석간주 입자 크기보다 더 커지면 자주색을 띠기도 하며, 어떤 산화철(III)은 갈색을 띈다. 석간주와 황토는 안료로 사용되기 훨씬 이전부터 초기 인류들이 보디페인팅이나 의료용품 등으로 사용한 것으로 알려져 있다.

라스코 동굴과 쇼베 동굴의 벽화

20세기 들어 알타미라 외의 다른 곳에서도 놀라운 채색 동굴 벽화들이 더 발견되었다. 1940년에는 프랑스 남서부 라스코 동굴에서 1만 7천여 년 전의 것으로 추정되는 벽화들이 발견되었다. 이 동굴은 근처에 살던 4명의 소년들이 동굴로 들어가는 깊은 구멍을 발견함으로써 세상에 알려지게 되었다.

라스코 동굴벽화에는 9백여 마리의 동물들이 그려져 있는데 벽화 제작연대 측정에 어려움을 겪었다. 동굴벽화에 사용된 검은색 안료가 목탄이 아니라 연망간석이므로 탄소동위원소연대측정법을 이용할 수 없었기 때문이다. 라스코 동굴의 '황소들의 방'에서 많이 사용된 검은색 안료는 이산화망간이 주성분인 연망간석이다. 근래의 연구결과에 의하면 '황소들의 방'에서 사용된 망간 성분의 흑색 안료는 두 가지이며, 그 중 하나는 250km 정도 떨어진 광산에서 가져온 광물로부터 만들었을 것이라 추정된다.

황소들의 방, 라스코 동굴

새 머리 사람과 들소, 라스코 동굴

라스코 동굴벽화 중에서 가장 특이한 것은 새 머리를 가진 작대기 모양의 사람을 그려 놓은 벽화이다. 벽화에서 새 머리를 가진 막대기 모양의 사람이 뒤로 나자빠져 있다. 아마도 들소에 받쳐 상처를 입은 것 같다. 사람 바로 앞에는 상처 입은 들소가 그려져 있다. 들소는 뒷다리와 궁둥이가 창에 찔려서 내장의 일부가 밖으로 튀어 나와 있고, 그 옆에는 새가 막대기 위에 앉아 있다. 구석기 동굴벽화 중에서 가장 많은 해석과 궁금증을 나은 그림 중의 하나이다. 단순히 사냥 장면을 묘사한 것이라든지 씨족의 옛날이야기를 그린 것이라든지 하는 단순한 설명이 제시되기도 했다. 새는 영혼을 상징한다는 점, 사람의 생식기가 그려져 있는 점, 왼쪽에 또 다른 동물이 그려져 있는 점 등을 고려하여 다른 여러 가지 해석들이 제시되었으나 확실한 결론은 없다. 라스코 동굴도 현재 일반인들의 출입이 금지되어 있다.

코뿔소와 사자, 쇼베 동굴

1994년 프랑스 남부에서 발견된 쇼베 동굴의 벽화는 약 3만 5천 년 전에 그려졌다고 추정되어 한동안 가장 오래된 빙하기 동굴벽화로 인정되었다. 쇼베 동굴벽화가 다른 동굴의 벽화들과 특별히 다른 점은 사자, 코뿔소, 곰, 매머드, 하이에나와 같은 맹수들의 그림이 80% 이상을 차지하고 있다는 점이다. 쇼베 동굴에서 가장 화려한 벽화들이 그려져 있는 끝 방의 왼쪽 벽에는 아홉 마리의 사자와 한 마리의 순록 및 그 뒤로 열일곱 마리의 코뿔소가 운동감 있게 그려져 있다. 일부러 중첩되게 그려져 있어서 동물들을 모두 찾아내기는 쉽지 않다. 대부분의 구석기 동굴들에는 당시 사람들의 사냥감이었던 들소, 말, 노루들이 그려져 있으며, 맹수들의 그림이 있는 라스코 동굴벽화에서도 맹수들의 숫자는 미미했다.

쇼베 동굴벽화에서 또 하나 주목할 점은 대부분의 다른 동굴벽화들보다도 과거에 그려진 것임에도 불구하고 1만 년 내지 2만년 후에 그려진 다른 동굴벽화와 비교하여 선과 색채와 원근법 등 그 정교함과 세련됨에서 전혀 손색이 없으며 고도의 예술성을 보여주고 있다는 것이다. 선사시대의 예술이 천천히 오랜 기간에 걸쳐 발전했으리라는 생각이 틀렸음을 쇼베 동굴벽화가 잘 보여 주고 있다. 수 만 년 전에도 이미 그들의 예술은 절정에 달해 있었고 동굴벽화 예술은 그렇게 구석기시대가 끝날 때 까지 세대와 세대에 걸쳐 변함없이 계속되었다고 생각된다.

벽화의 나이를 계산하는 법

우라늄-토륨연대측정법은 탄산칼슘에 포함된 미량의 우라늄과 토륨의 비율을 측정하여 고체 탄산칼슘이 생성된 지 얼마나 되었는지를 알아내는 방법이다. 1960년대에 정립되어 1970년 이래로 탄산칼슘으로 형성된 스펠레오뎀(동굴에 형성된 2차적인 퇴적 지형)이나 산호의 나이를 측정하는 데 이용되어 왔다. 최근에는 이전의 방법으로 연대를 측정할 수 없었던 일부 동굴벽화의 연대측정에 이용되고 있다. 동굴벽화가 어떤 환경에 있느냐에 따라 벽화 위에 얇은 탄산칼슘 층이 생길 수도 있으므로 벽화 위 탄산칼슘의 형성연대를 우라늄-토륨연대측정법으로 결정함으로써 벽화의 제작연대를 추정한다. 벽화가 그려진 후에 탄산칼슘 층이 형성되었을 것이므로 벽화 제작연대는 항상 측정연대보다 더 과거이다. 이미 앞에서 언급한 바와 같이 알타미라 동굴벽화는 가장 오래된 벽화의 제작연대를 1만 9천 년 전이라고 생각했으나, 새로운 우라늄-토륨연대측정법에 의해 그 연대가 3만 5천 6백 년 전까지 올라갔다.

우라늄-토륨연대측정법의 유용성을 잘 보여준 또 다른 예는 오래 전에 발견되었지만 정확한 제작연대를 알 수 없었던 스페인의 엘 가스티효 동굴벽화에 대한 연구였다. 엘 가스티효 동굴벽화들 중에서 손 스텐실은 적어도 3만 7천 3백 년 전의 것이며 붉은색의 작은 동그라미는 적어도 4만 8백 년 전의 것임이 우라늄-토륨연대측정법에 의해 2012년에 밝혀졌다. 이 발견은 스페인의 엘 가스티효 동굴벽화가 프랑스의 쇼베 동굴벽화보다 더 오래된 것임을 입증한 것으로 프랑스 학계와 경쟁관계에 있는 영국의 학자들이 스페인 학자들과 함께 연구하여 밝힌 것이다.

우라늄-토륨연대측정법을 이용한 가장 놀랄만한 동굴벽화에 관한 발견은 2014년 호주와 인도네시아의 연구진에 의한 인도네시아 슬라웨시 섬에 있는 마로스 동굴벽화에 관한 연구결과이다. 그전까지 마로스 동굴벽화들은 1만 년 전쯤에 그려진 것으로 추정되었으므로 더 오래된 다른 벽화들에 비해서 주목을 받지 못했다. 그러나 손 스텐실은 3만 9천 9백 년 전의 것이며 인도네시아 토종 동물인 바비루사(돼지사슴이라고도 부름) 그림은 최소한 3만 5천 4백 년 전에 그려졌음이 밝혀졌다.

그렇다면 가장 오래된 동굴벽화는 어느 것이라고 해야 하는가? 우라늄-토륨연대측정법에 의해 현재로서는 스페인 엘 가스티효 동굴의 4만 8백 년 전 적색 원반이 가장 오래된 비조형(非造形, non-figurative) 벽화이며 인도네시아 마로스 동굴의 3만 5천 4백 년 전 바비루사 그림이 가장 오래된 조형(造形, figurative) 벽화의 지위를 차지하고 있다. 특히 마로스 동굴은 그동안의 고정관념을 뒤엎었다.

이전 시기, 선사시대 동굴벽화에 관한 연구는 오랫동안 프랑스를 비롯한 서유럽의 독점물이었다. 인류 최초의 위대한 예술이 서

유럽 고유의 것이었다는 주장과 그것이 서유럽에서 시작되어 다른 곳으로 퍼져나갔다는 이론들을 반박할 아무런 증거도 없었다. 그러나 마로스 동굴의 바비루사 그림에 대한 연대측정 결과는 인류의 조형예술이 오히려 아시아에서 먼저 시작되었거나 여러 곳에서 거의 비슷한 시기에 시작되었음을 보여주고 있다. 각 지역의 고고학자와 과학자들이 좀 더 면밀하게 연구한다면 마로스 동굴벽화와 같이 서유럽에서 발견된 동굴벽화들보다도 더 오래된 것들을 더 찾아낼 수 있으리라 기대된다.

호주의 카카두 국립공원에도 비슷한 발견이 있었다. 한 동굴에서 거대 조류 게니오니스(Genyornis)의 벽화를 발견하였다는 논문이 발표된 것이다. 게니오니스는 호주에만 살았던 2—3m 크기의 거대 조류로 4만 여 년 전에 멸종되었다고 추정된다. 그러므로 벽화제작 시기를 최소 4만 년 정도로 추정하는 것이 타당하다. 게니오니스가 멸종되기 전이나 멸종된 직후에 벽화가 그려졌을 테니 말이다. 다만 아직까지는 여러 의견이 분분하다. 일부 고고학자들은 벽화가 그렇게 오래전에 그려진 것이 아니라 게니오니스의 멸종 시기가 잘못되었을 것이라는 주장을 제기하였다. 또 다른 연구에서는 그 벽화의 조류가 게니오니스가 아니라는 주장을 제기하였다. 호주 카카두 지역의 동굴벽화들을 새로운 과학적 방법으로 심도 있게 연구한다면 아마도 거대 조류의 멸종시기와 게니오니스 벽화의 제작시기를 좀 더 정확히 알 수 있을 것이다.

게니오니스 벽화, 호주

동굴벽화, 과거의 꿈을 담다

채색 동굴벽화의 목적은 장식보다는 종교의식이나 주술의식을 위한 것으로 생각된다. 이 외에 과거의 사냥 기록이거나 미래의 성공적 사냥을 기원하는 내용이라는 주장들이 있는가 하면 씨족이나 집단의 동물숭배의 표상이라는 주장도 제기되었다. 한편 라스코 동굴벽화의 점들과 선은 선사시대의 별자리를 나타내는 것이라는 연구결과도 있다. 이들 벽화의 목적과 기능이 무엇이었던 간에, 그림들의 정교함이나 표현 방법 등 이들 동굴벽화들은 우리를 압도하는 놀라운 예술작품이다. 동굴벽화를 그린 수렵채집인들은 예술적이었을 뿐만 아니라 기술적으로도 상당히 창의적이었던 것 같다. 돌멩이의 패인 부분이나 큰 동물의 뼈 또는 큰 조개껍질을 막자사발처럼 사용하여 석간주와 같은 토양 안료 덩어리를 갈아서 고운 가루로 만들었다. 그리고 그것들에 물, 야채 주스, 오줌, 동물기름, 골수 또는 피 등을 섞어서 반죽을 만들었다. 이렇게 만들어진 페인트를 손으로 문지르거나, 말 털을 사용하여 솔질하거나, 또는 가볍게 두드리는 방법으로 벽에다 발랐다. 하물며 이들은 구멍 난 긴 뼈 대롱에다 묽힌 페인트를 넣고 입으로 불어서 페인트를 분무하기도 하였다. 벽화의 대부분은 사람들이나 동물들이 거주할 수 있는 동굴의 입구 부분이 아니라 때로는 기어 들어가야 할 정도의 좁은 길을 지나서 빛이 거의 들어오지 않는 캄캄한 동굴 깊숙이 그려져 있다. 이 같은 암흑 속에서 천장이나 높은 벽에 그림을 그리기 위해서는 호롱불과 사다리나 받침대 등이 필요했을 것이다. 실제로 벽화가 있는 일부 동굴에서는 호롱불로 사용되었으리라 추정되는 표면이 약간 파진 평평한 돌 조각들이 발견되었다. 돌 조각의 파진 부분에 동물 기름을 부어 호롱불을 밝혔으리라 생각된다.

수만 년 전에 세계 곳곳에 놀라운 동굴벽화들을 그려놓은 인류의 조상이란 정확히 누구를 가리키는 것인가? 인간과 유인원의 진화 줄기가 갈라진 것이 약 6백 만 년 전이라고 추정된다. 그 후 인간의 초기 조상이 처음으로 석기를 사용한 것이 약 2백 6십 만 년 전이라는 것이 일반적으로 받아들여져 왔다. 그러나 최근의 어떤 연구 결과는 최초의 석기 사용이 그보다 오래된 3백 4십 만 년 전이라고 주장한다. 어찌되었든 최초로 돌을 깨뜨려서 석기를 사용하였던 주인공들은 그 당시 아프리카에 살았던 '오스트랄로피테쿠스'속에 속하는 인류의 먼 조상이었다.

구석기시대는 최초의 석기를 사용한 2백 6십 만 년 전부터 약 1만 년 전인 신석기 시대 직전까지이다. 구석기시대에는 '오스트랄로피테쿠스'속의 인간 조상에 뒤이어 '사람(호모)'속에 속하는 '호모 하빌리스'와 '호모 에렉투스' 및 '호모 에르가스테르' 그리고 '호모 하이델벨겐시스' 등이 지구상에 등장하였다. 호모 에르가스테르는 약 20만 년 전에, 호모 에렉투스는 아무리 늦게 잡아도 5만 년 전에 멸종되었으며 다른 호모 종들은 더 일찍 지구상에서 사라졌다. 가장 오래전에 그려진 동굴벽화가 약 4만 년 전의 것이니 동굴벽화를 그린 주인공들은 분명 위에 열거한 인간의 조상은 아니다.

4만 년 전에 지구상에 존재했던 사람속에 속하는 종에는, 일부 중요하지 않은 종들을 제외하면, 호모 네안데르탈렌시스와 호모 사피엔스가 있었다. 두 종은 유럽에서 몇 천 년 내지 거의 1만 년 동안 공존하였다. 동굴 벽화 중 손스텐실이나 기호들을 그린 시기는 거의 4만 년 전까지 거슬러 올라가니까 그것들은 네안데르탈인이 남긴 것이라는 주장도 일부 제기되고 있지만, 시기적으로나 동굴에 남아 있는 고고학적 유물에 비추어 볼 때 가장 오래된 동굴벽화조차도 그것을 그린 주인공들은 호모 사피엔스이었을 것이라 추정된다. 특히 네안데르탈인은 남아시아나 호주 쪽으로 진출하지 않고 유럽과 서아시아에서 살다가 사라졌으므로 인도네시아 마로스 동굴의 약 4만 년 전의 손스텐실은 호모 사피엔스의 작품이 분명하다. 호모 사피엔스가 아프리카를 떠나 인도네시아를 비롯한 남아시아에 도달한 때가 약 5만 년 전이며, 그 전에 그곳에 살던 호모 에렉투스는 거의 같은 시기인 약 5만 년 전에 멸종되었기 때문이다.

문명이 일어나기 전 사냥을 위해 쫓아다니고 생존을 위해 투쟁하기에 바빴던 미개한 상태의 초기 호모 사피엔스들이 과연 아름다움에 대한 감각이나 예술품을 만들기 위한 기술을 가지고 있었을까? 또한 19만 5천 년 전의 원시 호모 사피엔스와 현대 호모 사피엔스인 우리는 동일한가? 해부학적으로는 둘이 동일하다고 하겠지만, 초기의 원시 호모 사피엔스들은 그 지능과 행동양식에서는 현대 인간과 달랐음이 분명하다. 원시 호모 사피엔스가 유럽과 남아시아에 도착한 4만 년 전 내지 5만 년 전 그들에게 꽤 급격하고 큰 변화가 일어나서 현대 호모 사피엔스와 비슷한 지능과 행동양식을 보여주기 시작했으며 이를 소위 행동현대성이라 부른다. 그들의 유적을 보면 중기 구석기 까지는 즉 10만년 이상을 단순한 석기들을 사용하여 왔지만, 후기 구석기가 시작되는 4만 년 전 내지 5만 년 전부터는 훨씬 정교한 기구들이 만들어지고 예술과 음악이 시작되는 등 이 시기부터 행동현대성을 보여 주고 있다. 그렇게 그들은 현대 인간들처럼 행동하고 생각하기 시작했고 마침내 현재의 우리들과 같은 몸에 같은 지능을 가지게 된 것이다.

인류의 조상이 구석기시대 동굴벽화에서 사용한 안료인 석간주, 황토, 목탄은 수만 년 동안 후세 사람들 사이에서 계속 사용되었다. 그 안료들의 색깔인 적색, 황색, 흑색에 백색이 더해져 오랫동안 사람들이 사용한 네 가지 기본색이 되었다. 특히 석간주는 서양에서 14세기와 18세기에도 아주 인기 있는 안료로서 미켈란젤로와 렘브란트도 이를 사용하여 최고의 그림들을 완성하였으며, 현재에도 여전히 사용되고 있는 영구적인 안료이다. 우리나라에서도 3세기 중엽에서 7세기 초까지 제작된 고구려 고분벽화에 석간주와 황토가 광범위하게에 사용되었으며, 이들 안료는 그 이후 우리나라의 전통 단청 안료로 계속 사용되었다.

우리가 흔히 미개했으리라고 오해할 수도 있는 수만 년 전 인류의 조상은 예술의 시작을 알리는 채색 동굴벽화를 그렸다. 안료의 원료 물질을 찾아내고, 그것으로부터 적절한 방법으로 안료를 제작하였으며, 안료에 접착제를 섞어 벽화를 그리는 여러 가지 방법을 고안했다. 그리고 그것은 현재의 기준으로 볼 때도 최고 수준의 예술품이다. 20세기 최고의 화가중의 한 사람인 파블로 피카소가 알타미라의 벽화들을 보고나서 "알타미라 이후는 모두 퇴보일 뿐이다"라는 말을 했다는 소문이 있다. 사냥과 수렵으로 살아가던 수만 년 전의 인류의 조상은 최초의 화가들이었으며 또한 과학적 정신의 소유자들이었다.

참고문헌

임두빈 "원시미술의 세계" 가람기획, 서울, 2001.

Alberts, B. "Understanding Human Origins" *Science* 2009, *326*, 17 and related articles

Aubert, M. et al. "Pleistocene cave art from Sulawesi, Indonesia" *Nature* 2014, *514*, 223-227.

Becoming Human: "Evolution and the Rise of Intelligence" *Scientific American* Special Edition 2006, *16*(2), *ten articles.*

Chalmin, E. et al. "Discovery of Unusual Minerals in Paleolithic Black Pigments from Lascaux (France) and Ekain (Spain)" AIP Conference Proceedings 2007, 882, 220.

Chalmin, E. et al. "Geochemical analysis of the painted pannels at the Genyornis rock art site, Arnhem Land, Australia" *Quaternary International* 2017, *430A*, 60-80.

Clottes, J. "Cave Art" Phaidon Press, London, 2008.

Curtis, G. "The Cave Painters: Probing the Mysteries of the World's First Artists" Anchor Books, New York, 2007.

Gunn, R. G. et al. "What Bird Is That? Identifying a Probable Painting of Genyornis newtoni in Western Arnhem Land" *Australian Archaeology* 2016, *73*, 1-12.

Henshilwood, C. S. et al. "Emergence of Modern Human Behavior: Middle Stone Age Engravings from South *Africa"* Science *2002 295*, 1278-1280.

McBrearty, S.; et al. "The revolution that wasn't: a new interpretation of the origin of modern human behavior" *Journal of Human Evolution* 2000, *39*, 453-563.

McPherron, S. P. et al. "Evidence for stone-tool-assisted consumption of animal tissues before 3.39 million years ago at Dikika, Ethiopia" '*Nature'* 2010 *466*, 857-860.

Miller, G. et al. "Human predation contributed to the extinction of the Australian megafaunal bird Genyornis newtoni ~47 ka" *Nat. Commun.* 2016, *7*, 1-7.

Pike, A. W. G. et al. "U-Series Dating of Paleolithic Art in 11 Caves in Spain" *Science* 2012, *336*, 1409-1411.

"이집트인들은 높은 수준의 화학 지식과 기술을 보유하였을 뿐만 아니라 이를
능숙하게 구사하여 구리 제련, 청동과 유리와 철의 제조, 화장품과 안료의 합성 등
고대 화학을 아주 세련되고 정교하게 실생활과 예술에 응용하였다. 이집트청색을
합성하고 그것을 안료로 사용할 수 있게 된 것은 아마도 그것을 합성한
기술자들과 그것을 사용한 화가들의 밀접한 논의와 협력의 결과이었을 것이다."

02

신의 색
「이집트청색」

청색은 오늘날 동서양을 막론하고 가장 인기 있는 색깔 중 하나이며 적색이나 녹색보다도 더 높이 평가받고 있다. 유명한 예술이론가이자 화가인 바실리 칸딘스키는 "청색에서는 심원한 의미의 힘을 발견할 수 있다. (...) 청색은 전형적인 천상의 색깔이다. 그것이 만들어내는 궁극적인 느낌은 평온과 안식이다."라고 서술했다. 하지만 색깔에 대한 평가와 선호도는 문화와 시대에 따라 변한다. 구석기 시대 동굴벽화에 청색이 없듯이, 고대 문명사회에서 선호한 색깔은 적색과 백색과 흑색이었다. 고대 그리스인들은 바다를 녹색이라고 표현했으며 그들은 푸른 하늘을 뜻하는 단어를 가지고 있지 않았다.

이렇듯 청색은 오랫동안, 서양에서는 12세기까지도, 상징적인 의미를 갖지 못한 2등급 색깔이었으며 사회생활에서나 종교의식에서나 예술적 창작활동에서 많이 사용되지 않았다. 그 이유들 중 하나는 다른 색에 비해 청색을 구현할 수 있는 물질을 구하기 어려웠기 때문이었다. 그러나 구하기 어렵다는 바로 그 이유 때문에 어떤 때는 청색이 훨씬 더 높이 평가되기도 했다.

이집트의 푸른 돌

　고대 이집트문명에서는 청색을 신이 지배하는 색깔로, 천국의
색깔로 여겨 높이 평가하였다. 고대 이집트인들은 청색이 액운을 물
리치고 행운을 가져다준다고 생각하였다. 이집트문명을 나일강문명
이라고도 한다. 상류에서 하류로 길게 이어진 나일강 주변에 좁고
긴 녹색 띠 지역이 강을 따라 뻗어 있고 그 녹색 띠의 평지 바깥쪽
은 넘어갈 수 없는 장벽으로서 사막이 막고 있다.

　고대 이집트인들은 푸른 나일강
을 보며 일생을 살았다. 그들에게 나
일강은 생명줄이었고 삶의 시작이며
끝이었다. 이집트신화는 세상이 창조
된 곳이 태초의 혼돈의 바다이며 이를
누(Nu) 혹은 눈(Nun)으로 신격화하였
는데, 이 누의 색깔이 나일강의 색인
청색이라고 여겼다. 고대 이집트인들
이 청색을 높이 평가한 것은 당연한
것처럼 보인다. 그들이 특히 청색 보
석인 청금석(라피스라줄리)이나 청록
색의 터키옥을 선호하여 부적이나 장

고대 이집트의 청금석 장식품

신구로 사용하였다는 사실도 놀랄 일이 아니다.

청금석 원석

청금석은 한 가지 광물이 아니라 여러 광물들의 혼합체이다. 주성분은 황, 알루미늄, 규소 등을 포함하고 있는 망상 규산염의 하나인 천람석(라주라이트)이며 방해석, 방소다석, 황철석 등도 포함하고 있다. 흔히 청색을 띠는 광물이 구리를 포함한 것과는 달리, 청금석의 푸른색은 천람석에 포함된 황에서 기인한다. 황 원자들이 두세 개 모여 클러스터(단위체)를 이루고 있는데 이들이 결정 상태에서 붉은 빛을 흡수해 강렬한 청색을 띤다.

청금석의 청색 표면은 미세한 금색과 흰색의 줄무늬들로 얼룩져 있는데 옛 사람들은 이들 반짝이는 줄무늬들을 황금이라 생각하여 청금석을 더 높이 평가하였다. 그러나 줄무늬의 주성분은 황금이 아니라 철과 황으로 이루어진 황철석이다. 황철석을 황금으로 잘못 알아 커다란 황철석을 산에서 들고 내려와서 부자가 되었다고 자랑하며 다녔다는 사람의 이야기도 있다. 그래서 황철석은 '바보의 황금'이라는 별명을 가지고 있다.

고대 이집트인은 청금석보다 쉽게 구할 수 있었고 덜 비쌌던 청색 광석인 남동석(아줄라이트)도 알고 있었다. 그러나 염기성 탄산구리(II)인 남동석은 청금석에 비해 화학적으로 불안정하다. 따라서 공기 중에 오래 두면 표면이 녹색의 공작석(말라카이트)으로 변한다. 더구나 남동석을 가열하거나 산과 접촉하게 하면 흑색의 산화구리(II)로 변한다. 변색 가능성이 있고 색조에서도 찬란하고 강렬한 청금석을 따라 갈 수 없었으므로, 고대 이집트인들은 장신구용 보석으로 남동석을 선호하지 않았다. 그래서 고대 이집트인은 그들이 보유한 기술을 바탕으로 직접 청금석을 만들려고 시도하였다. 성공하지는 못했지만, 그 결과 고대 이집트인들은 인류 최초의 합성안료인 '이집트청색'을 탄생시켰다.

이집트청색

청금석은 파라오를 비롯한 왕실이나 고위 귀족들이 필요로 하는 것이었으므로, 파라오의 명령을 받은 고대 이집트의 장인들은 가능한 모든 재료를 이용하며 청금석 합성을 위해 혼신의 노력을 경주하였을 것이다. 그 과정에서 이집트의 장인들은 그들이 얻은 일부 물질이 안료로 이용될 수 있음을 알게 되었다. 기술자는 화가들의 도움을 받아 아름다운 청색 안료를 만들기 위한 새로운 목표를 설정하여 다시 노력하였을 것이다. 그들은 석회석과 구리 광물과 모래의 세 가지 주성분을 적절한 비율로 혼합하고 알칼리 성분인 나트론(소다)을 약간 첨가하여 화로에서 섭씨 850—1000도로 가열하였다. 그들이 얻은 것은 불투명하고 깨지기 쉬운 청색의 결정성 물질이었으며 이 물질은 훗날 '이집트청색'이라고 불리게 된다.

이집트청색의 제조에 사용된 구리 광물은 적동광이나 공작석이었으며, 때로는 구리 광물 대신에 청동 조각들이 사용되기도 하였다. 이렇게 만들어진 청색 물질을 분말로 갈아서 청색 안료로 사용하였다. 이집트청색을 사용한 가장 오래된 유물로는 기원전 2500년경 고왕국시대 4왕조 때의 공예품이 있다. 고왕국의 국력이 정점에 달했던 때로 왕은 신격화되었고 기자 지구에는 대피라미드가 건설되었다. 이 시기 고대 이집트인들은 나일강을 그릴 때만이 아니라 파라오나 신의 얼굴과 머리카락에도 이집트청색을 사용하였으며, 신전의 지붕이나 석관의 뚜껑도 이집트청색으로 칠했다. 특히 이집트의 신왕국시대의 무덤이나 신전과 같은 유물들을 보면 이집트청색의 사용이 그전 시대에 비해서 폭발적으로 늘어난 것을 알 수 있다. 아마도 이집트청색을 합성하는 방법이 신왕국시대에 와서 훨씬 더 효율적으로 개량된 것으로 추정된다. 실제 신왕국시대의 이집트청색을 현대 분석기기로 분석해 보면 주석을 포함하고 있는 것을 알 수 있다. 이는 그 당시 이집트청색을 만들 때 구리 광물 대신에 구리와 주석의 합금인 청동 조각을 사용했기 때문이라고 생각된다.

이집트 신왕국시대 때인 기원전 1350년경 중간 계급의 관료였던 네바문(Nebamun)이라는 사람의 무덤 벽화에는 특히 이집트청색이 많이 사용되었다. 뒷장의 벽화 장면은 네바문이 가족들과 나일강에서 사냥하는 장면을 보여 주고 있는데 이는 전체 벽화의 일부이다. 이집트는 역사상 가장 종교적인 사회 중 하나였다. 파라오에서부터 노동자에게 이르기까지 그들의 신에 대한 믿음은 대단했다. 파라오의 이름에도 신이 등장하지만, 이 벽화의 주인공인 네바문이라는 이름도 '나의 주는 아문이다'라는 의미이다. 아문(Amun)은 이집트신화에 나오는 가장 중요한 신 중의 하나이다. 또한 벽화에 그려진 사냥 행위도 단순한 놀이가 아니라 종교적 의미를 지니고 있다.

기원전 1350년경 이집트 무덤벽화

네페르티티 왕비의 반신상

이집트청색이 사용된 고대 이집트 신왕국시대의 유명한 유물로는 현재 베를린의 이집트박물관에 있는 네페르티티(Nefertiti)의 반신상이 있다. 비슷한 이름의 고대 이집트 왕비들이 알려져 있지만 네페르티티가 가장 유명한 이유 중의 하나는 바로 이 반신상의 존재 때문이다. 기원전 1345년에 제작된 것으로 추정되는 네페르티티의 반신상은 예술적으로도 신비롭고 아름다워서 비슷한 종류의 견줄만한 작품을 찾아보기 쉽지 않다. 한 때 고대 이집트의 수도였던 아마르나에서 1912년에 발견된 이 반신상의 왕관 부분은 이집트청색으로 칠해져 있다. 왕관의 색깔이 이집트청색의 진한 청색이 아니라 약간 녹색을 띄는 듯한 청색으로 보이는 것은 이집트청색에 적색 안료인 석간주를 약간 섞어서 칠했기 때문이다.

이집트청색의 전승

이집트청색의 제조 방법은 지중해 연안과 메소포타미아 지역으로 전파되었으며, 그리스와 로마시대에도 전수되어 서로마시대 말기까지도 이집트청색은 계속 사용되었다. 서로마제국이 몰락한 5세기 이후 이집트청색의 사용은 급격히 줄어들었다. 한때는 이집트청색이 8세기 이후로는 사용되지 않았고 합성 방법도 잊혀 져서 역사에서 완전히 사라졌다고 생각했다. 이집트청색이 다시 세상의 이목을 끌게 된 것은 베수비어스 화산 폭발로 79년에 화산재에 묻혔던 도시 폼페이를 발굴하는 과정에서 작은 그릇에 담긴 청색 물질이 1814년에 발견되면서 부터이다. 처음에 사람들은 이 물질을 폼페이청색이라 불렀으나, 추후 이 청색 물질이 이집트청색임을 확인하였다. 잊혔던 이집트청색의 제조 비법은 화학자들의 연구에 의해 1914년에 밝혀졌다.

현대 첨단기기를 이용한 최근의 연구결과들은 8세기 이후에도 이집트청색이 명맥을 유지하여 가끔 사용되어 왔다는 사실을 알려 주고 있다. 새로운 첨단기자재를 사용하지 않고도 극히 미량의 이집트청색을 확인할 수 있는 흥미 있는 방법이 최근 대영박물관 연구팀에 의해서 발견되었다. 즉 이집트청색에 가시광선을 쬐어 주었을 때 근적외선을 방출하는 발광현상을 관측할 수 있었다. 근적외선은 우리 눈에 보이지 않기 때문에 적외선 탐지 안경이나 장치를 써서 나오는 근적외선을 관측해야한다. 이때 이집트청색의 발광이 매우 강력하고 수명도 상대적으로 길어서, 극히 미량의 이집트청색을 확인하는 것도 아무 문제가 없었다. 더구나 이 방법은 시료를 채취하지 않고도 안료로 사용된 미량의 이집트청색을 식별할 수 있기 때문에 유적이나 작품을 손상할 위험이 없다.

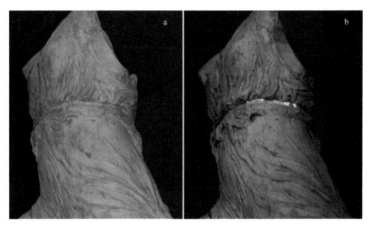

이리스 여신의 옷과 벨트
(벨트 부분에서 이집트청색에 의한 근적외선 방출을 확인할 수 있다)+

기원전 5세기에 건축된 고대 그리스 파르테논신전 지붕의
페디먼트에 있던 이리스 여신 옷의 벨트가 이집트청색으로 칠해
졌음이 이 방법에 의해 처음으로 밝혀졌다. 이리스 여신의 벨트에
칠해진 이집트청색이 아주 미량 남아있어서 우리 눈으로는 확인
할 수 없지만, 적색 가시광선을 쬐었을 때 벨트 부분이 근적외선
(800—1000nm)을 방출하여 밝게 빛난다. 현재 남아있는 유물과
유적을 보면 고대 그리스의 조각들은 대부분 흰색이거나 파르테
논신전을 비롯한 건축물들이 원래 무채색으로 되어 있다고 오해
하기 쉽다. 그러나 이리스 여신의 조각에서 보듯이 고대 그리스의
대부분의 조각과 건축물들은 청색이나 적색 등으로 화려하게 치
장되어 있었으나 그 색채들이 모두 퇴색되었다고 추정된다.

+ British Museum

최근의 연구결과는 이집트청색이 역사에서 8세기 이후에 사라져서 사용되지 않았다는 생각이 틀렸음을 보여준다. 11세기에 건축된 스페인 바르셀로나의 신전 제단 벽화에서 이집트청색이 사용되었음이 밝혀졌고, 르네상스시대의 그림에서도 이집트청색이 사용되었음이 확인되었다. 16세기 이탈리아 화가 지오반니 바티스타 벤베누토가 그린 '성 마가렛'에서도 이집트청색이 사용되었다. '성 마가렛' 그림에 적색의 가시광선을 쬐었을 때 청색 옷의 일부만이 이집트청색에 의해 원적외선을 발하면서 밝게 빛나는 것을 볼 수 있다. 발광현상을 보여주지 않은 나머지 청색 안료는 주사전자현미경법과 라만미시분광법을 이용하여 울트라마린임을 확인할 수 있었다. 즉 '성 마가렛'에서는 청색 안료로 이집트청색과 울트라마린을 함께 사용한 것이다. 그러나 '성 마가렛'에서 사용된 것이나 그 외 8세기 이후에 사용된 이집트청색은 그 당시에 제조한 것을 사용한 것이 아니라 오래전에 합성되어 남아 있던 것을 사용한 것으로 추정된다.

함께 사용된 청색 안료 울트라마린은 청금석(라피스라줄리)을 얇게 갈아서 만든 안료이다. 르네상스시대에 울트라마린은 가장 인기 있는 청색 회화 안료였지만 그 값이 너무 비싸서 쉽게 사용할 수 없었다. 그 당시 청금석은 수천km 떨어진 아프가니스탄에서 수입된 것이었으며, 불순물을 포함하고 있어서 특별한 정제과정 없이 갈아서 사용하면 울트라마린 특유의 강력한 청색을 얻을 수 없었다. 순수한 울트라마린은 값이 비쌌을 뿐만 아니라 매우 구하기 어려운 안료였지만 화가들이 선망하는 안료였다. 르네상스시대의 중요한 그림들은 교황청이나 왕실 그리고 귀족들의 요청에 의해 그려졌고 안료를 포함한 제작비용은 요청한 후원자들이 부담했다. 19세기에 합성 울트라마린이 등장하면서 천연 울트라마린은 더 이상 사용되지 않게 되었다. 합성 울트라마린은 천연 울트라마린에 비해 값이 저렴할 뿐만 아니라 훨씬 더 선명한 청색을 띤다.

고대 화학, 푸른 꽃을 피우다

고대 이집트인들이 최초의 합성안료인 이집트청색을 능숙하게 만들어 사용할 수 있었던 것은 적정한 비율로 원료들을 배합하는 것뿐만이 아니라 화로의 온도를 높고 정확하게 유지할 수 있었기 때문이다. 그 당시 이미 이집트인들은 구리 광석을 높은 온도에서 제련하여 구리 금속을 만들고 청동도 만들 수 있었으므로 높은 온도를 유지할 화로를 가지고 있었다. 또한 이미 비누와 유리를 만들어 사용하였을 때이므로 그것들을 만들기 위해 상당 기간에 걸쳐 축적된 꽤 세련된 화학적 기술도 보유하고 있었던 것으로 생각된다.

이집트청색을 제조 할 때와 마찬가지로, 비누와 유리를 만들기 위해서도 알칼리 성분이 필요하다. 그 당시에 이집트인들이 주로 사용한 알칼리는 건조된 호수 바닥에서 채취한 나트론이라는 물질이었다. 나트론은 주성분이 소다(탄산소다)이며 일부 중탄산소다와 약간의 다른 염들을 포함하고 있는 혼합물의 고체이다. 17세기 유럽에서는 소다를 나트론(natron)이라는 이름으로 부르기 시작했는데 그것은 아마도 아라비아 단어 나트룬(natrun)에서 온 것이며, 나트룬은 고대 이집트어의 네트제리(netjeri)에서 온 것이라 추정된다. 중요한 금속 원소 중의 하나인 나트륨(Na)의 이름은 신 라틴어인 나트륨(natrium)에서 따온 것인데, 나트륨 또한 이집트의 나트론 즉 네트제리에 기원을 두고 있다고 추정된다. 고대 이집트인들이 나트론을 채굴했던 지역 중의 한 곳은 '와디 엘 나트룬'이라는 마을로 아직도 남아 있다.

유리나 이집트청색을 제조할 때 필요한 모래의 주성분은 실리카인데 그 녹는점이 섭씨 1713도나 된다. 무척 높은 온도여서 그 당시의 화로에서는 모래를 녹일 수 없었다. 대신 고대 이집트의 기술자들은 모래를 더 낮은 온도에서 녹게 하는 방법을 찾았다. 바로 나트론(소다)을 첨가하는 것이었다. 모래에 나트론을 적정한 비율로 섞어주면 녹는점이 상당히 낮아져서 섭씨 1000도 이하에서도 모래를 녹일 수 있다. 모든 물질이 그런 것은 아니지만 어떤 두 가지 물질을 적절한 비율로 섞으면 그 혼합물이 마치 하나의 물질처럼 같은 온도에서 함께 녹게 되고, 혼합물의 녹는점은 각 물질의 녹는점 보다 더 낮아진다. 현대과학에서는 이 같은 현상을 공융이라고 하고, 이렇게 적절한 비율로 섞인 두 물질을 공융계라고하며 공융계의 녹는점을 공융점이라 한다. 또한 녹는점을 낮추는 물질을 플럭스(융제)라고 한다.

이집트청색을 만들 때는 모래와 나트론 외에 석회석이 주성분으로 들어간다. 이 세 가지 성분이 적절한 비율로 섞이게 되면 3성분 공융계를 이루어 공융점이 무려 섭씨 725도까지 낮아지기 때문에 더욱 쉽게 모래를 녹일 수가 있었다. 고대 이집트인들은 공융계의 과학적 원리를 정확히 이해한 것은 아니었지만 플럭스에 의한 공융 현상에 대해서 알고 있었고 이를 응용하여 이집트청색 등 여러 가지 유용한 물질들을 합성할 수 있었다.

화학은 어떤 물질을 다른 물질로 변환시키는 것에 관한 과학이다. 이집트인들의 비누와 유리 및 이집트청색을 만드는 기술은 분명히 화학적 기술이며, 비록 이 기술들에 대한 그들의 이론적 이해는 부족했다 하겠지만, 이는 분명 고대 화학(알케미)의 기원으로 볼 수 있다. 유리나 이집트청색의 제조는 불에 근거한 화학 기술로서 고체들을 높은 온도로 녹여 변환시킨 것이다. 근래의 한 연구결과는 고대 이집트인들이 불에 근거한 고체의 화학만이 아니라, 물이나 다른 액체 용매에 물질들을 녹여서 온도를 많이 올리지 않고도 이들의 변환을 이루어 내는 소위 '습식'화학도 수행했음을 보여주고 있다. 프랑스 루브르 박물관에 보관되어 있는 이집트 시대의 화장품에서 자연계에 존재하지 않는 성분이 발견되었고, 고대 이집트인들이 습식화학을 이용해 만든 합성물질이라는 것도 밝혀졌다. 이들 화장품들은 기원전 2000년에서 기원전 1200년 사이의 것들로 추정된다.

이 밖에도 고대 화학이 이집트에서 시작되었다고 볼 수 있는 증거들이 여러 가지 있다. 실제 'chemistry(화학)'라는 단어와

'alchemy(알케미)'라는 단어들이 그리스어의 'Chemia'로부터 온 것이고, 'Chemia'는 고대 이집트어인 'Khem' 기원을 두고 있다는 주장이 놀라운 것이 아님을 알 수 있다.

이집트인들은 높은 수준의 화학 지식과 기술을 보유하였을 뿐만 아니라 이를 능숙하게 구사하여 구리 제련, 청동과 유리와 철의 제조, 화장품과 안료의 합성 등 고대 화학을 아주 세련되고 정교하게 실생활과 예술에 응용하였다. 이집트청색을 합성하고 그것을 안료로 사용할 수 있게 된 것은 아마도 그것을 합성한 기술자들과 그것을 사용한 화가들의 밀접한 논의와 협력의 결과이었을 것이다. 더나아가 최근 연구결과들은 이집트청색이 단지 과거의 안료가 아니라 유용한 미래 소재로서 큰 가능성을 가지고 있음을 보여주고 있다. 이집트청색 덩어리를 아주 얇은 층으로 갈라내어 나노시트(nanosheet)를 쉽게 만들 수 있음도 밝혀졌다.

이집트청색은 5천여 년 전 인류의 고대문명에서 과학과 예술의 상호작용에 의해 만들어진 인류 최초의 합성안료이다. 고대 이집트인들은 사후에도 새로운 세계에서 영원히 살기 위해 그들의 시신을 미라로 보관하였다. 그들 스스로는 영원히 살지 못했지만 그들이 만든 이집트청색은 부활하여 영원한 생명을 이어가려 하고 있다.

참고문헌

Accorsi, G.; et al. "The exceptional near-infrared luminescence properties of cuprorivaite (Egyptian blue)" *Chem. Commun.* 2009, 3392-3394.

Berke, H. "The Invention of Blue and Purple Pigments in Ancient Times" *Chem. Soc. Rev.* 2007, *36*, 15-30.

Bredal-Jørgensen, J.; et al. "Striking Presence of Egyptian Blue Identified in a Painting by Giovanni Battista Benvenuto from 1524" *Anal. Bioanal. Chem.* 2011, *401*, 1433-1439.

Filippakis, S. E.: et al. "An Analysis of Blue Pigments from the Greek Bronze Age" *Studies in Conservation* 1976, *21*, 143-153.

Jaksch, H.; et al. "Egyptian Blue − Cuprorivaite: A Window to Ancient Egyptian Technology" *Naturwissenschaften* 1983, *70*, 525-535.

Johnson-McDaniel, D.; et al. "Nanoscience of an Ancient Pigment" *J. Amer. Chem. Soc.* 2013, *135*, 1677-1679.

Lluveras, A.; et al. "Evidence for the Use of Egyptian Blue in an 11th Century Mural Altarpiece by SEM −EDS, FTIR and SR XRD (Church of Sant Pere, Terrassa, Spain)" *Archaeometry* 2010, *52*, 308-319.

Pastoureau, M. "Blue: The History of a Color" Princeton University Press, Princeton, 2001.

Pozza, G.; et al. "Photoluminesence of the Inorganic Pigments Egyptian Blue, Han Blue and Han Purple" *J. Cult. Heritage* 2000, *1*, 393-398.

Walter, P.; et al. "Making make-up in Ancient Egypt" *Nature* 1999, *397*, 483-484.

White, K.; Mattingly, D. J. "Ancient Lakes of the Sahara" *American Scientist* 2006, *94*, 58-65.

"중국의 도인들은 강하고 변하지 않는 금(金)과 영혼이 담긴 진사(丹)를 적절히
결합하면 두 가지 물질의 장점을 동시에 가지는 하나의 물질 즉 금단(金丹)을
합성할 수 있으리라 생각했으며 이를 복용하면 신선이 되어
장생불사할 수 있으리라 희망하였다."

03

선망의 붉은 기운
「진사」

도장을 찍을 때 사용하는 붉은색 인주의 주성분은 진사이다. 인주는 솜과 같은 지지체에 피마자유와 진사를 섞어 넣은 것이다. 자연에서 진사는 화산 활동이 있었던 곳에서나 온천 지역에서 덩어리로 또는 편상 과립으로 산출되며 가끔 결정상으로 산출되기도 한다. 진사는 수은(Hg)과 황(S)으로 이루어진 화합물인 황화수은(HgS)으로서 금속 수은을 얻을 수 있는 주 광물이다. 진사에 공기를 불어넣으면서 가열하면 공기 중의 산소가 진사 즉 황화수은의 황과 결합하여 아황산가스가 되어 날아가면서 황화수은에서 황을 떼어내므로 수은이 얻어진다. 가열할 때 나오는 증기를 응축하면 비교적 쉽게 수은을 얻을 수 있기 때문에 고대 이집트나 고대 중국 등에서 일찍이 진사로부터 수은을 얻어 사용하였다.

광물 진사와 결정형 진사

　　진사는 주사(朱砂), 단사(丹砂), 적단(赤丹) 등의 다른 이름으로 불리기도 하였다. 주사, 단사, 적단에는 붉다는 의미의 주(朱), 단(丹), 적(赤)이 포함되어 있지만 진사라는 명칭에는 붉다는 의미가 없다. 중국에서 진사는 원래 주사라고 불리었으며, 명나라 때의 '본초강목'에는 생산지에 따라 백여 종류의 주사들의 등급을 매기고 따로 명칭을 정하여 구분하여 놓았다. 중국의 유명 주사 생산지로 진주, 계주, 명주 등 몇 곳이 있는데 그 중에서도 진주의 주사가 최상급이었다. 따라서 '진주(辰州)의 주사'라는 의미의 진사라는 이름이 널리 쓰이기 시작하였고, 오늘날에는 모든 종류의 주사를 일컫는 명칭으로 진사가 사용되고 있다. 때로는 진사와 주사를 구별하여, 진사는 불순물을 포함한 황화수은의 광석을 칭하고 주사는 진사 광석을 정제하여 얻은 비교적 순수한 황화수은을 가르키기도 했지만 일반적으로 구분하지 않고 쓴다. 영어에서는 광물로서의 진사 및 그것으로부터 만든 천연안료를 시나바라 하며, 합성하여 얻은 안료를 버밀리언이라 부른다. 때로는 합성안료가 아닌 진사 광물로부터 만든 천연안료를 버밀리언이라고 부르기도 한다. 따라서 시나바라고 하면, 넓은 의미에서, 광물 진사와 천연안료를 뜻하며, 버밀리언이라고 하면 안료나 안료의 색깔 자체를 말한다.

인류와 함께한 진사의 역사

인류가 진사를 사용하기 시작 한 것은 1만년 이상 되었다고 추정하고 있다. 신석기시대에 이미 진사가 안료로 사용되었다. 진사가 안료로 사용된 가장 오래된 유물은 남부 아나톨리아(아시아 지역의 터키)의 차탈회위크에서 발견된 야생소와 사슴과 사람이 그려진 고대 동굴벽화이다.

기원전 8000—7000년 아나톨리아의 벽화

진사는 벽화의 안료로서만이 아니라 화장품, 의약품, 건물이나 그릇의 페인트 그리고 수은 제조의 원료로서 오래 동안 사용되어온 물질이다. 스페인의 알마덴 진사 광산은 기원전 5000년대부터 진사를 채굴하였던 것으로 추정된다. 그 후 고대 로마시대에는 로마인들이 알마덴에 주거지를 건설하고 죄수들이나 노예들을 보내어 진사를 채굴하였으며 그것을 안료로 이용하거나 액체 수은 생산에 사용하였다. 진사 광석과 불순물들의 독성 때문에 로마에서 알마덴 광산으로 보내지는 것은 죄수나 노예들에게는 사형선고나 다름없었다. 알마덴 광산은 최고의 진사 매장량을 가지고 있었으므로 지난 수천 년 간 계속해서 진사를 채굴하여 액체 수은을 생산해 왔다. 그러나 2000년대 들어 국제 수은 가격이 내려감에 따라 알마덴은 폐광되어 박물관으로 바뀌었으며 2012년에는 유네스코 세계문화유산으로 지정되었다.

발칸반도 세르비아의 벨그라드 근처 빈카에서도 기원전 5000년대 후반의 것으로 추정되는 도자기에 들어있던 진사가 석간주와 함께 발견되었다. 중국의 신석기 시대인 양사오문화 시대(기원전 5000년—기원전 3000년)의 종교 의식을 위한 건물 벽과 바닥이 진사로 칠해진 것이 확인되었다. 또한 진사 가루에 덮혀서 잘 보존된 5천 년 전의 인간의 뼈가 스페인에서 발견되었다. 몇몇 고대 문명에서 시신을 보존하기 위해 관이나 무덤을 진사 가루로 채운 것은 잘 알려져 있다. 에게 해의 고대 키클라데스 문명의 유물로서 기원전 2700년—기원전 2500년에 제작된 장식용의 작은 대리석 조각상에 미량의 진사가 사용되었음이 에너지분산형X-선분광법으로 밝혀졌다. 고대 중앙아메리카의 올메크문명(기원전 1500년—기원전 400년)에서도 미량의 진사가 조각상의 안료로 사용되었음이 확인되었다.

약인가 독인가?

진사를 생산하여 그것을 안료나 약재로서 체계적으로 사용하기 시작한 곳은 고대 중국으로 그 시기는 기원전 2000년쯤이라 추정된다. 진사를 서양에서는 중국적색이라고 부르기도 했는데, 그 같은 명칭이 생긴 이유로 다음과 같은 두 가지 설이 있다. 중세 유럽의 초기 진사 합성 방법은 아랍을 거쳐 전달된 중국 당나라 문헌의 방법을 따른 것이었기 때문이라는 설이 있다. 또 하나는 진사로 붉게 옻칠한 중국 칠기류가 유럽에 많이 수출되었기 때문이라는 설이다. 고대 중국에서는 옥(玉)의 단단하고 변하지 않는 특성 때문에 옥이 높이 평가되었고, 금(金)이 등장한 이후에는 옥보다도 금이 더 높은 위치를 차지하였다. 고대 중국인들은 옥이나 금을 갈아서 섭취함으로써 자신들의 몸도 옥이나 금처럼 변하지 않고 강해진다고 생각했으며 그것들을 약으로도 사용하였다. 또한 그들은 혈액에는 사람의 영혼이 들어 있다고 여겼으며, 혈액의 붉은색이 영혼을 담고 있는 본질이므로 붉은색 물질들을 섭취하면 생명력을 높여준다고 생각했다. 따라서 중국 문헌이나 중국인들의 생활 속에서 과일 중에는 복숭아가 좀 더 특별한 위치를 차지하고 있음을 보게 된다. 그러나 식물성인 복숭아나 약초들은 광물인 옥이나 금과는 달리 쉽게 썩고 변하므로, 고대 중국인들은 금과 같이 단단하고 변하지 않으면서 동시에 생명력을 불어 넣어줄 수 있는 붉은색 물질을 원했다. 그들은 붉은색의 단단한 광물을 찾아 나섰고 그들이 찾은 것 중의 하나가 진사였다.

진사를 약재로 사용하기 위해서는 불순물들을 제거하고 정제하여야 한다. 특히 독성이 강한 수용성 수은염 및 다른 불순물들을 제거하기 위해서는 광물 진사를 물속에서 아주 곱게 갈아서 씻고 여과하여야 한다. 순수한 진사는 물에 불용성이어서 인체의 위장관에서 쉽게 흡수되지 않으므로 한약으로 아주 소량은 허용될 수도 있겠지만 양이 많아지거나 오래 동안 복용하면 수은 중독을 일으킨다. 고대 중국에서도 고대 이집트에 버금가는 상당한 화학적 기술이 축적된 것으로 보이는데, 고대 중국의 초기 알케미는 주로 진사의 합성과 불로장생약을 만들기 위한 진사와 금의 변환에 관한 것이었다. 중국의 도인들은 강하고 변하지 않는 금(金)과 영혼이 담긴 진사(丹)를 적절히 결합하면 두 가지 물질의 장점을 동시에 가지는 하나의 물질 즉 금단(金丹)을 합성할 수 있으리라 생각했으며 이를 복용하면 신선이 되어 장생불사할 수 있으리라 희망하였다. 실제로 진사 및 몇 가지 다른 물질들로부터 불로장생을 위한 여러 가지 금단약들을 만들었다고 한다. 그러나 이것들이 수명을 연장하기보다는 그 독성 때문에 수명을 단축한 경우가 더 많았을 것이다. 실제 옛 중국의 많은 황제들이 수명 연장을 위해 금단을 복용함으로써 수은 중독에 의해 일찍 사망하였다고 추정된다.

이 같은 불로장생약에 대한 맹신은 불교가 널리 퍼지면서 차츰 줄어들게 된다. 그러나 흥미롭게도 만유인력의 법칙을 발견한 역사상 최고의 과학자 중의 한 사람인 영국의 아이작 뉴턴이 진사를 직접 합성하여 오랫동안 많이 복용했다는 주장이 있다. 뉴턴은 몸이 약했고 미혼이었는데 그의 생식력을 회복하기 위해 진사를 복용했다는 주장이다. 그의 머리카락에 포함된 수은으로부터 그의 진사 복용이 사실이었다고 주장하는 사람들이 있다. 우리나라에서도 금단약의 부작용에 대해 옛 부터 잘 알려져 있었던 것 같다. 즉 조선 중종실록에는 중종 35년(1540년)의 다음과 같은 기록이 남아 있다: "(…) 선인이 되고자 하지 않더라도 자연히 선인이 될 것이고, (…) 황백술과 금단약을 사람마다 사용하거나 먹지 못하는 것은 원기와 본성을 손상시킬까 두렵기 때문입니다." 여기서 황백술은 단약을 만들기 위한 금과 은의 제조 기술로서 황은 금을 의미하며 백은 은을 말한다.

진사 안료 퇴색의 과학

진사 안료 버밀리언은 동서양을 막론하고 고대에서 근세에 이르기까지 값비싸지만 인기 있는 선망의 적색 안료이었다. 진사가 안료로서 특별히 환영받은 이유는 강력한 적색과 특별한 광택 등의 가시적 성질에 덧붙여 산에 대한 안정성과 산화에 대한 내성 등 우수한 화학적 성질도 가지고 있기 때문이다. 앞에서 언급한 바와 같이 이미 1만 년 전에도 진사가 벽화에 사용되었고 6천—7천 년 전의 건물 벽과 바닥을 칠하는 데 사용되었음을 유물들을 통하여 확인할 수 있었다. 고대 로마에서는 진사 안료가 고급 적색 안료로 벽화에 특히 많이 사용되었다. 그 당시 벽화에 사용된 적색 안료의 대부분은 쉽게 구할 수 있었던 석간주였다. 그러나 최고 권력자들과 귀족들은 집 내부의 벽면을 장식하는 데 값비싼 진사 안료를 사용하였음을 79년에 베스비우스 화산 폭발로 화산재에 묻혔던 폼페이 유적들에서 알 수 있다.

헤라클레니움 벽화의 퇴색 진사 안료

진사 안료가 비싸고 색깔이 찬란하다 해서 모든 면에서 석간주보다 나은 것은 아니었다. 그 당시 사람들은 몰랐겠지만, 진사는 독성이 있다. 그리고 벽화에 사용된 일부 진사의 적색은 시간이 지남에 따라 색깔이 변한다. 폼페이와 함께 79년에 화산재에 묻혔던 헤라클레니움에서 발굴된 벽화 중에서도 상당히 많은 부분의 진사 안료 적색이 회색 내지 흑색으로 변질되었음을 볼 수 있다.

19세기와 20세기 초 까지만 해도 진사의 변색은 공기 중에서 빛에 의해 적색의 진사(시나바)가 흑색의 흑진사(메타시나바)로 전환되기 때문이라고 생각했다. 흑진사의 성분도 진사의 성분과 동일한 황화수은이므로 성분이 변한 것은 아니다. 황화수은은 다형현상을 보여준다. 다형현상이란 어떤 특정한 화학조성을 갖는 한 물질이 2개 이상의 다른 결정구조를 취할 수 있는 현상을 말한다. 특정한 화학조성을 갖는 황화수은(HgS, 즉 수은 원자 하나와 황 원자 하나로 이루어진 조성)이 두 가지의 다른 고체 결정구조로 존재할 수 있다는 것이다. 황화수은이 삼방 결정구조인 경우 붉은색을 띠며 이것을 진사라하고, 입방 결정구조인 경우 흑색이며 이것을 흑진사 라고 한다. 다시 말해서, 진사가 흑진사로 변하는 것은 그 화학적 성분인 황화수은이 다른 성분으로 변한 것이 아니라 단지 결정구조가 삼방정계에서 입방정계로 변한 것이다. 다형현상을 보여주는 물질은 진사와 흑진사 외에도 여러 가지가 알려져 있다. 예를 들면 우리가 잘 알고 있는 흑연과 풀러렌과 다이아몬드는 동일한 화학성분인 탄소(C)로만 이루어져 있지만 그것들의 다른 결정구조로 말미암아 모양과 성질과 상업적 가치가 서로 완전히 다르다. 그러나 고대 벽화에 사용된 진사 안료의 적색이 퇴색하는 것은 진사가 흑진사로 변환되기 때문이라는 설명은 과학자들을 완전히 만족시킬 수 없었다. 20세기 후반과 21세기 들어 많은 관련 연구들이 진행되었다. 순수한 진사는 빛이나 습기에 의해서 흑진사로 변하지 않는다는 사실이 밝혀졌다. 더구나 진사가 흑진사보다 더 안정하기 때문에 오히려 시간이 지나면 흑진사가 진사로 되는 것이 변화의 방향이어야 한다는 것이었다. 따라서 진사가 흑진사로 변하는 것이 진사 안료의 자연적인 퇴색과는 관계가 없음이 분명해졌다.

흑진사

최근의 연구결과는 진사에 포함된 미량의 불순물들 특히 할로겐 음이온이 퇴색에 결정적 역할을 함을 알려주고 있다. 최첨단 기자재를 이용한 연구들에서 진사에 포함된 할로겐 음이온, 특히 염소 음이온이 진사의 광화학 분해반응의 촉매로 작용하여 적색 안료의 표면에 회색 내지 흑색의 여러 가지 수은 염화물들을 생성하는 것이 밝혀졌다.

폼페이의 진사 안료 사용 벽화

근래에 발굴된 고대 로마시대의 진사 안료 사용 벽화로부터 흥미 있는 다음과 같은 연구결과가 보고되었다. 베스비우스 화산의 폭발로 79년에 화산재에 묻혔던 폼페이 근처의 토레 델 그레꼬의 한 저택에서 진사 안료 버밀리언을 사용한 벽화가 1988년에 발굴되었다. 발굴 당시에는 1천 9백여 년의 세월을 뛰어 넘어 그 벽화는 진사의 붉은 색채를 잘 보여 주고 있었다. 건물의 벽에 그려진 그림이었으므로 환경이 좋은 박물관이나 다른 보관 장소로 옮기지 못하고 발굴은 계속되었다. 근처 다른 부분의 발굴이 계속 진행되고 있었던 1990년부터 진사의 붉은색이 변하기 시작해서 1992년 토레 델 그레꼬의 발굴이 완료될 즈음에는 붉은색의 상당 부분이 회색 내지 검은색으로 바뀌었다. 변질된 이유는 바다 쪽에서 날아온 염분 때문이었다. 염분에 포함된 염소 이온은 빛에 노출된 진사의 광분해 반응을 촉매하여 안료 표면에 수은의 염화물들을 생성했다. 그래서 변색된 것임이 밝혀졌다.

더욱더 붉은 빛을 위해

진사 광물로부터 진사 안료를 만들 때는 우선 광물을 가열한 다음 고체를 분쇄하고 갈아서 고운 입자로 만들고 마지막으로 물로 가루를 깨끗이 씻어야한다. 이렇게 만든 진사 안료는 비교적 순수하고 쓸만한 안료이지만 여전히 여러 가지 불순물이 포함되어 있다. 산지에 따라서 포함된 불순물의 양과 종류가 상당히 달라서 색깔에도 차이가 있고 퇴색 여부도 달라진다. 수은과 황으로부터 만든 합성 진사 안료가 천연 광물로부터 얻은 천연 진사 안료보다는 일반적으로 더 순수하다. 고대 로마나 고대 중국에서 사용한 진사 안료는 진사 광물로부터 얻은 것이었으나, 유럽의 중세 화가들은 좀 더 나은 붉은색을 얻기 위해 합성 진사 안료를 사용하였다. 4세기의 이집트 기록과 8세기의 페르시아 기록에 진사 합성에 관한 언급이 있기는 하지만, 진사를 최초로 합성한 것은 기원전 4세기 내지 기원전 5세기로 중국의 전국시대라 추정된다. 중세 유럽의 진사 합성 방법은 아랍을 거쳐 유럽에 전해진 중국 당나라의 9세기 초 문헌의 방법을 따른 것이었다. 그 후 방법을 개량하여 좀 더 편리하고 쉬운 합성 방법을 개발한 네델란드가 17세기에는 합성 진사의 주 생산국이 되었다. 진사를 합성하기 위해서는 어느 방법이든 우선 수은과 용융 황을 짓 이겨서 흑진사를 만들어야했다. 고대의 방법은 흑진사를 수없이 갈아야 일부가 진사로 변하기 때문에 많은 시간과 노력이 필요했으므로 매우 비효율적이었다. 중세의 방법은 흑진사를 가열하여 진사로 전환하는 방법이었는데 온도에 따라서 오히려 생성된 진사가 흑진사로 변하기도 했다. 17세기의 네델란드 방법은 흑진사를 알칼리 용액에 넣고 가열하면 진사가 침전으로 얻어졌으므로 훨씬 편리하고 대량 생산이 가능했다. 진사 안료의 합성 방법이 잘 알려지게 되고 개선되면서 합성 진사 안료는 서양 중세 회화의 발전에 큰 영향을 끼쳤으며, 19세기에 카드뮴레드가 발명될 때까지 유럽 화가들에게 가장 인기 있는 적색 안료였다.

16세기 르네상스 전성기의 이탈리아 6대 화가들 중의 한 명이었으며 회화에서 색채의 중요성을 일찍이 강조하여 수많은 후세 화가들에게 지대한 영향을 끼친 티치아노 베첼리오(흔히 '티시언'으로 부름)는 진사 안료를 사용하여 적색을 가장 잘 표현한 화가 중의 한 명이었다. 진사 안료를 포기하고 카드뮴레드를 사용하기 시작했던 프랑스의 화가 앙리 마티스가 대표적인 인상주의 화가 오귀스트 르누아르에게 카드뮴레드를 써보라고 설득했지만 르누아르는 진사 안료를 고집하였다. 빈센트 반 고흐는 당시의 일부 화가들과는 달리 새로운 합성안료들의 사용을 꺼려하지 않았지만, 그가 1889년 생레미에서 그린 '편백나무가 있는 밀밭'의 맨 아래 쪽에 살짝 붉은색 진사 안료를 사용한 것을 찾아보는 것도 매우 흥미있는 일이다. 합성 진사는 현재에도 여전히 사용되고 있으며 그 대부분은 중국 제품이다.

　　우리나라에서 진사 안료가 사용된 가장 오래된 유물 중의 하나는 357년에 축조된 고구려 고분인 안악3호분의 벽화이다. 황해도 안악군에서 1947년에 발굴된 안악3호분 벽화에는 붉은색을 내기 위해 주로 석간주가 사용되었지만, 묘의 주인공인 묘주의 초상화에는 강렬한 적색을 위해 비싼 진사가 일부 사용되었다(부록의 '고구려 고분벽화' 편 참조). 고려청자와 조선백자에 붉은색 무늬와 그림을 위해 진사 안료가 사용되었다는 잘못된 주장과 오해가 있다. 진사의 성분인 황화수은은 섭씨 850도에서 녹거나 분해되기 때문에 섭씨 1200—1300도의 높은 온도에서 구워내는 청자나 백자의 안료로 사용될 수가 없다. 고려청자와 조선백자에서 사용된 붉은색은 검은색의 산화동(II)로 무늬를 그린 후 적절한 조건에서 환원염으로 구우면 산화동(II)가 적갈색의 산화동(I)과 붉은색 구리 나노입자로 변하기 때문에 생기는 것이다. 따라서 고려청자와 조선백자에 사용된 적색 안료는 황화수은 성분의 진사 안료가 아니라 구리 성분의 동화(銅畵) 안료이다('고려청자의 비색' 편 참조).

참고문헌

정종미 "우리 그림의 색과 칠: 한국화의 재료와 기법" 학고재, 서울, 2001, pp 65-72.
조재연 "주사와 인공 은주의 재료적 특성연구" 건국대학교 학위논문, 2012, pp 4-14.

Ballirano, P.; et al. "Thermal Behaviour of Cinnabar, α-HgS, and the Kinetics of the β-HgS (Metacinnabar) → α-HgS Conversion at Room Temperature" *Eur. J. Mineral.* 2013, *95,* 957-965.

Béarat, H.: et al. "Mechanistic and computational study of cinnabar phase transformation: Applications and implications to the preservation of this pigment in historical paintings" in the Third International Conference on Science and Technology in Archaeology and Conservation, Jordan, 7 to 11 December 2004, pp. 53–70.

Cotte, M.; et al. "Blackening of Pompeian Cinnabar Paintings: X-ray Microspectroscopy Analysis" *Anal. Chem.* 2006, *78,* 7484-7492

Gajic-Kvascev, M.; et al. "New Evidence for the Use of Cinnabar as a Colouring Pigment in the Vinca Culture" *Journal of Archaeological Science* 2012, *39,* 1025-1033.

Gettens, R. J.; et al. "Vermilion and Cinnabar" *Studies in Conservations* 1972, *17,* 45-69.

Gordon, D.; et al. "Nardo di Cione's 'Altarpiece: Three Saints'" *National Gallery Technical Bulletin* 1985, *9,* 21-37.

Hendrix, E. "Painted Ladies of the Early Bronze Age" *Bulletin-Metropolitan Museum of Art* 1997, *55,* 4-15.

Hunt-Ortiz, M. A.; et al. "Neolithic and Chalcolithic Use of Cinnabar in the Iberian Peninsula" *History of Research in Mineral Resources* 2011, 3-13.

Keune, K; Boon, J. J. "Analytical Imaging Studies Clarifying the Process of the Darkening of Vermilion in Paintings" *Anal. Chem.* 2005, *77,* 4742-4750.

King, R. J. "Minerals Explained 37: Cinnabar" *Geology Today* 2002, *18,* 195-199.

Liu, J.; et al. "Mercury in Traditional Medicines: Is Cinnabar Toxicologically Similar to Common Mercurials?" *Exp. Biol. Med.* 2008, *233,* 810-817.

Maguregui, M.; et al. "Raman Spectroscopy as a Tool to Diagnose the Impact and Conservation State of Pompeian Second and Fourth Style Wall Paintings Exposed to Diverse Environments (House of Marcus Lucretius)" *J. Raman Spectrosc.* 2010, *41,* 1400-1409.

Mahdihassan, S. "History of Cinnabar as Drug, the Natural Substance and the Synthetic Product" *Ind. J. History Sci.* 1987, *22,* 63-70.

Martín-Gil, J. et al. "The first known use of vermilion" *Experientia* 1995, *51,* 759–761.

McCormack, J. K. "The Darkening of Cinnabar in Sunlight" *Mineralium Deposita* 2000, *35,* 796-798.

Nöller, R. "Cinnabar Riviewed: Characterization of the Red Pigment and Its Reactions" *Studies in Conservations* 2015, *60,* 79-87.

"뉴턴이 인디고를 무지개 색에 포함시키기 전 까지만 해도 '인디고'라고 하면
서양에서는 인디고 염료를 의미하는 것이었으나 뉴턴의 주장이 일반화 된 이후에는
'인디고'는 인디고 염료만이 아니라 인디고 색(남색)도 의미하게 되었다."

04

염료의 대표 주자
「인디고」

벽화를 채색할 때나 캔버스에 색칠할 때는 안료가 필요하고, 섬유나 옷에 물감을 들일 때는 염료가 필요하다. 안료는 접착제와 함께 사용하여 벽이나 캔버스 위에 붙어 있으면 되지만, 염료는 (일반적으로 물에) 녹여서 옷감을 물들이고, 염색을 한 다음에는 세탁할 때 염료가 녹아 나오지 않고 섬유에 단단히 붙어 있어야한다. 인류의 조상이 일찍이 자신의 의복을 아름다운 색깔로 염색하기를 원했겠지만, 제대로 된 염료를 찾아내는 일이 쉽지 않았을 것이다. 동식물이나 광물로부터 얻은 채색 물질들을 이용하여 의복을 염색했다 하더라도 그 색깔이 오래 지속되지 못하였을 것이고, 옷을 세탁하거나 비가 오는 경우에는 색깔이 사라지거나 이상한 색으로 바뀌는 것을 경험하였을 것이다. 그렇게 많은 시행착오를 겪으며 인류가 다룰 수 있는 염료는 늘어났을 테다. 그중 인디고는 인류가 사용한 가장 오래된 염료다운 염료 중 하나로서 지금도 사용되고 있으며 특히 청바지의 염료로 많이 쓰인다.

인디고의 등장

인디고(indigo)라는 영어는 그리스어의 인디콘(indikon)에서 시작하여 라틴어를 거쳐 이탈리아어의 한 방언에서 유래했다. 인도로부터 온 물질이라는 의미이다. 그러나 인디고라고 하면 인디고 염료만을 뜻하는 것이 아니라 인디고 색깔을 의미하기도 한다. 인디고 색깔에 해당하는 우리말에는 쪽빛이라는 아름다운 말이 있으며 쪽빛을 남(藍)빛이라고도 한다. 고대 인도에서 사용한 언어인 산스크리트어에서는 쪽빛을 닐라(nila)라고 했는데 이 말이 아랍세계로 넘어가서 부정관사가 붙은 안-닐(an-nil)이 되고 다시 스페인어와 포르투갈어에서는 아닐(anil)이 되었다. 1840년에 인디고를 수산화칼륨으로 처리하여 얻은 기름을 아닐린(aniline)이라고 명명함으로써 산스크리트어 닐라에서 유래한 아닐은 영어에 아닐린이라는 말로 남게 되었다. 아닐린은 나중에 석탄에서 얻은 물질로부터 합성되었으며 현재는 석유에서 얻은 물질부터 대량으로 합성된다. 지금도 이 아닐린은 중요한 원료 물질로서 제약산업과 염료산업 및 기타 화학공업에 필요 불가결한 화합물이다.

무지개의 색깔을 우리는 흔히 빨강, 주황, 노랑, 초록, 파랑, 남색, 보라의 일곱 가지로 구별한다. 그러나 우리 눈으로 무지개에 포함되어 있는 일곱 가지 색깔, 특히 파란색과 남색과 보라색을 정확히 구별하기란 쉽지 않다. 우리 선조들은 음양오행에 기초하여 오색무지개라는 말을 흔히 썼고 지금도 우리 생활 속에서나 문학 작품

속에도 등장하는 낯설지 않은 말이다. 만유인력의 법칙을 발견한 아이작 뉴턴이 1670년대에 칠색 무지개를 주장하기 전에는 서양에서도 주황과 남색이 제외된 다섯 가지 색을 무지개에서 보았다. 뉴턴은 백색광을 프리즘으로 분산시켜 무지개 색깔의 스펙트럼을 얻었다. 당시는 동인도회사가 인도에서 대량으로 경작한 인디고를 영국으로 들여오던 때이었고 인디고는 인기 품목이었으므로 뉴턴도 인디고에 주목하고 있었을 것이다. 또 한편 뉴턴은 음악의 7음계를 고려하여 다섯 가지 무지개 색에 인디고(남색)와 주황색을 포함시켜 가시광선의 일곱 가지 기본 색깔을 주장하였다. 뉴턴이 인디고를 무지개 색에 포함시키기 전 까지만 해도 '인디고'라고 하면 서양에서는 인디고 염료를 의미하는 것이었으나 뉴턴의 주장이 일반화 된 이후에는 '인디고'는 인디고 염료만이 아니라 인디고 색(남색)도 의미하게 되었다.

프리즘에 의한 빛(백색광)의 분산

인디고 염료는 여러 가지 식물로부터 추출된다. 인디고 염료를 얻는 데 가장 유용한 식물은 학명이 인디고페라 팅토리아(*Indigofera tinctoria*)이며 참인디고 또는 염료인디고라도 불린다. 우리말로 인도쪽 또는 인도람(藍)이라고도 한다. 여기서 참인디고라고 할 때 '인디고'는 인디고 식물을 의미한다. 따라서 '인디고'라고 하면 인디고 염료와 인디고 색깔만이 아니라 인디고 식물도 의미한다. 다년생 관목인 참인디고는 인도와 동남아시아가 원산지인데, 염색 기술과 함께 중동과 아프리카로 퍼져 나갔다. 인디고페라 속(屬, genus)에 속하는 식물들이 수백 종(種, species) 있지만 그 중에서 일부 종에서만 인디고 염료를 효과적으로 얻을 수 있다. 남부 아프리카가 원산지인 나탈인디고(*Indigofera arrecta*), 중남미가 원산지인 과테말라인디고(*Indigofera suffructicosa*), 티베트의 북서 히말라야가 원산지인 히말라야인디고(*Indigofera heterantha*) 등은 인디고 염료를 얻을 수 있는 유용한 인디고 식물들이다. 인디고페라 속이 아닌 완전히 다른 속에 속하는 식물에서도 인디고 염료를 얻을 수 있다. 비록 참인디고 식물에 비해서는 인디고의 농도가 떨어지기는 하지만, 대청(woad)이라고 불리는 이사티스 팅토리아(*Isatis tinctoria*)의 잎에서도 사람들은 인디고 염료를 추출하여 사용하였다. 지중해와 서아시아가 원산지인 대청은 유럽으로도 퍼져나가서 오래 동안 유럽에서는 대청에서 인디고 염료를 얻어 사용하였다.

한반도에서는 쪽 또는 요람(蓼藍)이라 불리는 폴리고넘 팅토리엄(*Polygonum tinctorium*)을 재배하여 인디고 염료(쪽 염료)를 추출하였다. 인도와 중국이 원산지인 쪽은 50—60cm까지 자라는 한해살이 또는 두해살이 관목이다. 쪽 잎에 주로 염료가 들어 있는데 같은 무게의 대청보다 포함된 염료의 양이 많다. 염료를 추출하는 과정에서 쪽 잎만이 아니라 쪽의 줄기도 함께 처리한다. 중국, 일본, 베트남에서도 쪽으로부터 인디고 염료를 추출하여 사용하였다.

쪽빛의 화학

인디고 염색은 식물로부터 염료를 추출하고 섬유에 염료를 물들이는 과정이 길고 꽤 복잡해서 원하는 색을 제대로 내기 위해서는 이 분야에서 숙달된 장인이 필요하다. 인디고 염색 방법은 대체적으로 세 가지가 있다. 첫 번째 방법은 인디고 식물의 잎과 가지를 잿물이나 석회와 같이 넣고 염료 추출 과정이 한꺼번에 진행되도록 한 후 섬유를 염색하는 방법이다. 전통적인 방법으로 이렇게 추출된 염료는 농도가 낮고, 재배지 옆에서 일정 계절에만 염색을 할 수 있었다. 둘째 방법은 인디고 식물의 잎과 가지를 모아 발효가 시작된 후 말리는 것이다. 부피가 어느 정도 줄어서 옮기고 저장하기가 비교적 쉬워 추후에 다른 곳에서도 염색을 할 수 있다. 동양에서 쪽으로 염색할 때나 유럽에서 대청으로 염색할 때 쓰던 전통적 방법이다. 셋째 방법은 완전히 추출된 인디고 염료를 가루나 덩어리로 만들어 더욱 옮기기 쉽고 저장하기 쉬울 뿐만 아니라 염색하기에도 편리하게 가공하는 것이다. 이 방법은 무역과 상거래에 적당하여 기업으로 발전할 수 있었다.

　　염료 추출과 염색 과정에서의 인디고 분자의 생성과 변화는 화학적으로도 매우 흥미 있는 꽤 복잡한 과정이다. 우선 인디고 식물을 물에 담아 두면 식물 자체에 포함된 효소에 의해 발효되어 수용성의 인디칸이 얻어 진다. 인디칸은 무색인데 석회에 의해 가수분해 되면 포도당과 무색 수용성의 인독실이 생성된다. 인디칸은 인독실과 포도당이 결합되어 있는 구조로 인독실과 포도당 사이의 결합이 물 분자에 의해 깨어지는(가수분해되는) 것이다. 이 인독실이 녹아있는 액체를 휘저어서 산소와 접촉하게 하면 인독실 두 분자가 산화되면서 서로 결합하여 하나의 분자가 된다. 이것이 불용성의 청색 인디고이다.

휘저어 산화시켜 생긴 인디고 앙금

인디고 반죽 덩어리

　　그러므로 큰 독이나 통 안에서 인독실을 산화시킬 때는 독 안
에 들어 있는 액체가 산소와 충분히 접촉할 수 있도록 잘 휘저어 주
어야 한다. 일정 시간을 휘젓게 되면 푸른색의 색소 앙금이 얻어지
는데 이를 건져내어 건조하면 고체의 인디고 염료가 얻어진다. 이렇
게 얻어진 인디고 염료는 물에 녹지 않으므로 섬유를 염색하기 위해
서는 인디고를 수용성 물질로 환원시켜야 한다. 고체 인디고에 잿물
을 넣어 알카리에서 환원시킬 수 있는데 우리의 전통 방법에는 추가
로 막걸리를 넣어 환원을 촉진시키기도 한다. 또는 썩어가는 과일이
나 식물을 넣거나 적절한 박테리아들을 이용하여 인디고를 환원시
키기도 한다. 이렇게 청색의 인디고를 환원시키면 무색의 수용성 백

색인디고가 된다. 여기에 옷감을 넣었다가 꺼내면 옷감에 부착된 백색인디고가 공기 중의 산소에 의해 산화되어 다시 인디고가 되면서 옷감이 청색으로 변한다. 인디고처럼 불용성 염료를 환원시켜 일단 수용성 물질로 만들어 섬유에 흡착시킨 후, 흡착된 물질을 원래의 염료로 산화시켜 발색시키는 경우 그 염료를 건염염료(vat dye)라 한다.

인디고, 인류 역사와 동행하다

인디고 염료가 섬유 염색에 맨 처음 사용된 시기와 지역을 정확히 얘기하기는 힘들다. 현재의 정설은 어느 한 지역에서만 인디고 염색이 시작된 것이 아니라, 다양한 인디고 식물들을 이용한 섬유 염색 방법이 여러 지역에서 독립적으로 발전되었으며 그것이 가까운 주위 지역으로 퍼져나갔다는 것이다. 참인디고에서 얻은 염료를 섬유 염색에 처음 사용한 것은 인더스계곡문명 때로서 기원전 2000년대 혹은 그보다 더 이른 시기이었을 것으로 추정한다. 인더스문명 유적지 중의 하나인 로이디 마을에서 참인디고 식물의 씨가 발견되었으며, 인더스문명의 중심지 중의 하나로서 유네스코 세계문화유산으로 등재된 고대 도시 모헨조다로에서는 인디고로 염색된 기원전 1750년경의 섬유가 발견되었다. 2016년에도 인디고 염색과 관련된 놀랄만한 연구결과 하나가 보고되었다.

그것은 남미 페루의 북쪽 해안지역에서 발견된 인디고로 염색된 면직물 조각이 최소한 6천 년 전의 것이라는 연구결과이다. 근처 지역에서 이미 7천 8백여 년 전에 목화를 재배하고 있었다는 그 전의 고고학적 연구를 고려한다면 놀랄 일이 아니라 할 수도 있겠다. 세계에서 가장 오래된 이 염색 면직물에 사용된 인디고 염료는 중남미가 원산지인 과테말라 인디고에서 얻은 것으로 보인다.

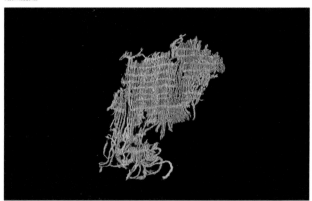

6천 년 전 페루의 인디고 염색 직물

대청에서 얻은 푸른색 염료가 신석기 시대인 약 8천 년 전에 남부 아나톨리아(아시아 지역의 터키)의 차탈회위크라는 곳에서 사용되었으리라고 추정하지만 아직까지 명확한 과학적 증거가 없다. 이집트에서는 고왕국 시대인 대략 기원전 2000년 때의 것으로 추정되는 대청 염료로 염색한 푸른 줄무늬가 들어 있는 미라의 아마 섬유 조각이 발견되었다. 고대 메소포타미아 지역에서도 오래 전부터 대청에서 인디고 염료를 추출하여 사용한 것으로 추정된다. 기원전 7세기경의 신바빌론의 설형문자 평판에는 인디고 염료를 이용한 염색 방법이 기술되어 있다. 지중해와 서아시아가 원산지 인 대청은 북서 유럽을 거쳐 철기시대에는 영국에 까지 퍼져나갔 다. 2천여 년 전의 고대 그리스와 로마의 기록을 보면 고대 영국인 을 '프리테니(Priteni)'라고 했는데, 이 말이 라틴어를 거쳐 현재의 영국인을 뜻하는 브리톤(Briton)이 되었다고 추정된다. '프리테니' 는 고대 갈리아어에서 유래한 것으로 '문신한 사람' 혹은 '몸을 칠 한 사람'의 뜻이다. 기원전 55년과 54년 영국 원정을 갔던 줄리어 스 시저는 '갈리아 전쟁기'에 고대 영국인들이 푸른색으로 몸을 칠 하고 있었다는 기록을 남겼고, 다른 고대 로마 기록에는 영국의 일 부 부족은 전쟁에 나가기 전에 대청으로 그들의 몸을 푸른색으로 칠했다고 적혀 있다.

고대 중국에서는 남쪽의 더운 지방에서는 참인디고를 재배했 고 다른 지방에서는 쪽을 이용해서 인디고 염료를 얻었다. 기록에 의하면 이미 서주시대(기원전 1046—기원전 771년)에 인디고 염료 를 사용하고 있었던 것으로 추정된다. 또한 전국시대(기원전 403— 기원전 221년) 말기의 사상가 순자의 말과 글을 모은 책인 '순경신 서'에는 '청출어람(靑出於藍)' 즉 '쪽에서 나왔지만 쪽보다 더 푸르 다'라는 말이 있다. 현재는 '제자가 스승보다 낫다'는 의미로 사용 되고 있다. 상당히 오래전부터 중국에서 쪽 염색이 일상적이었음을 짐작할 수 있지만 직접적인 증거는 없다. 21세기에 들어서 더욱 발전된 분석기기와 기술에 힘입어 중국의 신장 위구르 지역에서 발견된 직물 조각이 약 3천 년 전 청동기시대 것이며 인디고로 염색되었음이 밝혀졌다. 약 3천 년 전이면 위의 기록에서 언급한 서주시대와 거의 일치하지만, 그 때의 신장 위구르 지역은 중국의 영토도 아니었고 고대 중국의 문화권도 아니었다. 어떻든 사용된 인디고 염료가 참인디고에서 얻은 것인지 쪽에서 얻은 것인지는 정확히 알 수 없으나, 그 지역에서 기른 식물로부터 얻은 것이 아니라 외부에서 유입된 것으로 추정된다.

한반도에는 중국으로부터 쪽이 들어왔다고 추정된다. 한반도에서 쪽을 재배하고 쪽 염색을 시작한 것은 고조선 때였으리라는 추정과 삼국시대 백제 때에 처음으로 쪽이 들어왔으리라는 주장이 있다. 모두 추측일 뿐이고 확실한 증거나 유물은 없다. 고대 중국의 역사서인 '삼국지 위지 동이전'을 보면 변한과 진한에서 청색 의복을 입었다는 것과 부여의 염색 기술이 좋았다는 기록이 있으므로, 원삼국시대(기원전 1세기—기원후 3세기)에는 쪽을 이용한 섬유 염색이 한반도에서 행해지고 있었음을 알 수 있다. 그 후 삼국시대에는 쪽에서 얻은 염료가 의복 염색에 더욱 많이 쓰였고 염색 기술이 상당한 수준에 다다랐으며, 신라에서는 염색 기술을 담당하는 관영 공장이 생겼다. 고려에서도 삼국시대와 통일신라시대의 발달된 염색 기술을 이어받아 문종(재위: 1046—1083년) 때에는 염색을 관장하는 관청인 도염서를 설립하였다. 도염서는 조선시대에도 그대로 계승되었고, 세조 7년(1461)에는 왕실의 의복과 식품을 관장하는 제용감에 통합되어 조선말인 1904년까지 존속하였다. 옛 조선의 도염서 터는 현재 서울 정부종합청사별관 외교부 건물의 바로 앞쪽 세종로공원 화단 쪽이라 추정된다. 높은 수준의 염색 기술을 보유했던 신라시대와 고려시대에 섬유를 쪽으로 염색했을 뿐만이 아니라 직물보다 염색이 더 어려운 종이를 쪽으로 염색하여 경전이나 중요한 자료를 기록할 때 사용하였다.

현존하는 가장 오래된 염색지는 통일신라 경덕왕 13년(754년)에 시작하여 이듬해에 완성된 국보 제196호 '신라 백지 묵서 대방광불화엄경'의 변상도(경전과 교리의 내용을 요약하여 묘사한 그림)에 사용된 자색의 닥종이이다. 본문은 흰색 종이를 사용했지만 변상도를 그린 종이는 자초의 뿌리에서 얻은 자색 염료로 물들인 것이다. 이 변상도는 우리나라에 남아 있는 가장 오래된 종이 그림이며 신라시대 유일의 회화자료로서 대단히 귀한 유물이다. 자색지를 만드는 것이 청색지를 만드는 것보다 쉽지 않았다는 것을 감안하면 쪽염의 청색지가 신라시대에 사용되었으리라고 짐작할 수 있다.

국보 제215호 감지 금은니 대방광불화엄경 정원본 권31

국보 제235호 감지 금니 대방광불화엄경 보현행원품

　　고려시대에 제작된 사경(寫經, 후세에 전하거나 축복을 받기위
해 경문을 쓰고 그림을 그려 장엄하게 꾸민 불경)에는 쪽으로 염색
된 청색 닥종이가 많이 사용되었다. 사경에 사용된 쪽염의 짙은 청
색 종이를 일반적으로 감지(紺紙)라고 한다. 감지가 사경에 많이 사
용된 이유는 우선 쪽의 항균성과 햇빛에 대한 저항성으로 말미암아
보존성이 매우 우수하기 때문이다. 둘째는 사경에 글을 쓰거나 그림
을 그릴 때는 금박 가루나 은박 가루를 아교에 녹인 금니(金泥) 또
는 은니(銀泥)를 사용했는데, 이 경우 짙은 색의 종이가 금과 은의
화려함과 아름다움을 가장 잘 보여 주었기 때문이다. 국보 215호

'감지 금은니 대방광불화엄경 정원본 권31'은 1337년 고려시대에 제작된 것으로 쪽물을 들인 짙은 청색의 닥종이에 은 물감으로 경전이 쓰였고 표지와 변상도는 금 물감으로 처리된 두루마리 형태의 것이다. 이 사경은 고려의 문신 최안도가 가족들의 복 증진과 액운을 없애며 내세의 극락왕생을 기원하기 위해 교연 스님의 도움으로 제작한 것이다. 국보 235호 '감지 금니 대방광불화엄경 보현행원품'은 고려시대인 1341-1367년 사이에 제작된 것으로 청색 닥종이에 경전과 표지 및 변상도가 모두 금 물감으로 쓰이고 그려졌으며 크기는 작지만 병풍처럼 펼쳐볼 수 있는 절첩본이다.

  인디고 염료는 오랫동안 각 지역마다 조금씩 다른 식물로부터 그 지역의 전통적 방법으로 추출되어 섬유 염색에 사용되어왔다. 그러나 지역과 지역 사이의 교류가 늘어나고 결국에는 대륙 간의 무역로가 확립되자 지역별로 생산된 인디고 염료사이의 경쟁이 시작되었다. 중세 유럽에는 영국, 독일, 프랑스가 대청의 주요 생산지가 되어 있었다. 그러나 16세기가 되면 포르투갈이 인도에서 인디고 염료를 유럽으로 처음 수입하기 시작했고 그 후 17세기에는 네델란드와 영국이 인도에서 유럽으로 인디고 염료를 대량으로 수입하였다. 인도에서만이 아니라 서인도제도와 남아메리카 대륙에서 재배된 인디고까지 대량으로 수입되면서 17세기 후반에는 유럽에서 대청 경작은 큰 타격을 입었다. 대청 농사를 보호하기 위해 독일과 프랑스에서는 한 때 인디고 염료 수입을 금지했지만, 대청으로부터 얻은 염료는 참인디고로부터 얻은 염료에 비해 가격과 품질에서 경쟁이 되지 않았다. 한편 19세기 말에 독일 화학자들이 인디고의 실험실 합성에 성공하고 20세기 초에 독일 화학자들과 산업체의 협력으로 가격 경쟁력을 갖춘 합성 인디고 염료가 대량으로 생산되면서 대청 경작은 완전히 사라지고 식민지에서의 인디고 경작도 사양길을 걷게 되었다. 인디고 수입으로 큰 수익을 얻던 영국이 가장 큰 타격을 입었다. 영국은 독일산 합성 인디고 사용에 끝가지 저항하여 최소한 영국군의 군복에는 합성 인디고를 사용하지 못하게 하였지만 그 저항도 곧 무위로 끝나고 말았다. 그러나 근래에는 합성 인디고조차도 다른 합성 청색 염료에 밀려서 생산량이 줄었다가 청바지 염색을 위하여 년 간 수만 톤은 생산하고 있다. 그러나 전통적인 천연 인디고의 생산이 완전히 없어진 것은 아니며, 천연 인디고로 염색한 청바지와 의류들이 시판되고 있고 천연염료를 전통 문화 유산으로 보호하기도 한다. 우리나라는 일찍이 전라도 나주 지방이 쪽 생산과 쪽 염색의 중심지였으며 현재에도 그 전통을 일부 이어가고 있다.

참고문헌

정선영 "청색계 색지에 관한 연구" *서지학연구* 2010, *46*, 41-69.

최창용, 나재운 "쪽의 염색성분 분리 및 염색특성" *Theories and Applications of Chem. Eng.* 2003, *9*, 1624-1627.

한광석 "쪽물들이기" 대원사, 서울, 1997

Balfour-Paul, J. "Indigo: Egyptian Mummies to Blue Jeans" Firefly Books, Buffalo, 2012.

Berk, H. "The Invention of Blue and Purple Pigments in Ancient Times" *Chem. Soc. Rev.* 2007, *36*, 15-30.

Epstein, E. et al. "Origin of Indigo of Woad" *Nature* 1967, *216*, 547-549.

Kramell, A. et al. "Dyes of late Bronze Age textile clothes and accessories from the Yanghai archaeological site, Turfan, China: Determination of the fibers, color analysis and dating" *Quatern. Int.* 2014, *348*, 214-223.

Oberthür, C.; et al. "The Elusive Indigo Precursors in Woad Identification of the Major Indigo Precursor, Isatan A, and a Structure Revision of Isatan B" *Chemistry & Biodiversity* 2004, *1*, 174-182.

Robin, J. H.; et al. " Indigo, woad, and Tyrian Purple: important vat dyes from antiquity to the present" *Endeavour* 1993, *17*, 191-199.

Splitstoser, J. C.; et al. "Early pre-Hispanic use of indigo blue in Peru" *Sci. Adv.* 2016, *2*, e1501623.

Zhang, X.; et al. "Characterization of dyestuffs in ancient textiles from Xinjiang" *J. Archaeol. Sci.* 2008, *35*, 1095-1103.

"고대 그리스와 로마 그리고 비잔틴제국 시대에도 자주색 의상은 권력과 권위의 상징이었다. 특히 로마제국과 비잔틴제국 시대에 이르러 티레자주색은 황제의 자주색으로 자리매김하며 전설의 물질 중 하나가 되었다."

05

황제의 염료
「티레자주색」

티레자주색을 얻는 뿔고둥

티레자주색은 로얄자주색, 임페리얼자주색 또는 황제의 염료라고도 불린다. 고대 페니키아인들이 지중해 연안에 서식하는 일종의 바다 달팽이인 뿔고둥에서 추출한 동물성 염료로서 그 광택과 채도가 그 당시의 다른 어떤 염료와도 비교할 수 없을 만큼 뛰어났다. 고대의 많은 염료들은 견뢰도가 낮아 쉽게 색깔이 변하는 것들이었다. 그러나 티레자주색은 염색 후에도 색깔이 변하지 않았을 뿐만이 아니라, 놀랍게도 햇볕을 쬐거나 시간이 지나면 색깔이 오히려 더 진해졌다. 그러나 옷 한 벌 염색하기에도 부족한 염료 1그램을 얻는데 뿔고둥 약 1만 마리를 잡아야 했고 그것들을 염료로 만드는 데 대단한 노동력이 필요했으므로 티레자주색은 엄청나게 비쌌다. 한때는 티레자주색의 값이 같은 무게의 황금보다 10배내지 20배 비쌌다고 하는 말이 과장이 아닐 것이다. 그 당시의 메소포타미아 지역의 왕족이나 고위 성직자와 일부 귀족들만이 티레자주색의 옷을 입을 수 있었다. 페니키아는 현재의 레바논과 북부 이스라엘 및 남부 시리아에 해당하는 동부 지중해 연안에 자리 잡고 있었던 티레, 시돈, 트리폴리 등 여러 도시국가들의 집합체였다. 티레는 그 중에서 가장 번성했던 도시들 중의 하나였고 현재는 레바논에서 5번째로 인구가 많은 도시로 남아 있다.

우리나라에서도 삼국시대를 전후하여 자주색을 고귀한 색으로 여겼다. 당나라 정사인 구당서에 보면 다음과 같은 자주색에 대한 언급이 있다: "백제의 왕은 자색 도포를 입었다... 신라의 골품제도에서 보라색 관복을 입을 수 있는 것은 성골과 진골이었다." 진골 이상의 신라 1—5등 관리들은 자색 옷을 입을 수 있었고, 백제에서는 1—5등품의 관리들이 자색 띠를 둘러서 관직을 구분하였다. 신라와 백제의 평민들은 자주색 옷을 입는 것이 금지 되었으며, 주로 흰색 옷을 입었던 것으로 보인다. 삼국시대 고급 관리들이 입었던 자색옷의 색깔은 티레자주색과 같이 붉은색이 많은 찬란한 자주색은 아니었다. 그 당시 사용했던 자주색 염료는 자초라는 식물의 뿌리에서 추출한 것이었으며 수차례의 반복적 염색으로 자주색을 낼수 있었다.

티레자주색의 발견

　　최초로 티레자주색 염색을 시작한 것은 기원전 1900년경의 페니키아인들이었다는 주장과 기원전 1800년경 크레타의 미노아인들이었다는 주장이 있다. 티레자주색을 얻을 수 있는 뿔고둥들이 지중해 연안에서는 식용으로 이용되었고 많은 곳에서 서식하고 있었기 때문에, 오래전부터 그 지역 사람들은 뿔고둥으로부터 염료를 얻을 수 있다는 것은 알고 있었을 것이다. 그러나 누가 티레자주색 최초의 발견자이냐는 질문보다는, 누가 자주색 염료를 대량 생산하고 그것을 이용하여 실과 섬유를 효과적으로 염색하여 고대 염료산업을 최초로 시작하였나 하는 것이 오히려 더 타당한 질문이라 생각된다. 페니키아인들이 기원전 1600년경에는 티레자주색의 채취와 염색 기술을 완전히 정립해서 염료 생산 및 염색 시설을 건설하고 그 제품을 지중해 연안과 메소포타미아 지역에 수출하기 시작했다고 추정하는 것이 현재로서는 가장 타당해 보인다. 페니키아라는 말 자체가 고대 그리스어인 'phoiníkē'에서 연유한 것으로 그 뜻은 '자주색 나라'이다. 특히 티레는 이 염료산업의 중심지로 지중해 연안과 메소포타미아 지역에서 유명해졌으며, 최초의 자주색 염료 발견에 관해서도 후세의 많은 사람들은 티레에 그 공로를 돌리고 있다.

폴 루벤스 '헤라클레스의 애견, 자주색 염료 발견' 1636년

    티레자주색 발견에 관한 전설 하나를 살펴보자. 그리스 신화의 영웅 헤라클레스가 티레 해변을 산책하던 중 그의 애견이 뿔고둥을 깨물었고, 개의 주둥이가 붉은 자주색으로 물들었다는 것이 티레자주색 발견에 관한 전설의 시작이다. 네덜란드의 바로크 화가인 피터 폴 루벤스는 1636년에 이 전설을 그림으로 그려서 남겼다. 루벤스는 종교나 신화와 관계된 주제의 역사적 그림을 많이 그렸다. 그러나 이 멋진 그림에서 루벤스는 티레의 뿔고둥을 잘 못 그리는 흥미 있는 실수를 범했다. 그림에서 헤라클레스의 애견이 밟고 있는 것이 티레자주색을 얻을 수 있는 뿔고둥이 아니라 다른 종류의 고둥이거나 앵무조개로 보인다. 아마도 루벤스는 티레자주색을 얻을 수 있는 바다 달팽이 뿔고둥의 소문만 들었지 직접 본적이 없이 상상해

서 그것을 그렸던 것 같다. 또 한 가지 주목할 만 한 점은 루벤스가 이 그림을 그렸던 17세기에는 화가들이 사용할 수 있는 자주색 안료가 없었으므로, 루벤스도 붉은색 안료와 푸른색 안료를 적절히 섞어서 원하는 자주색을 구현하였다. 혼합 안료가 아닌 단일 안료로서 자주색 안료가 사용되기 시작한 것은 루벤스의 시대로 부터 200여년이나 지나서 합성 코발트바이올렛이 출현한 1859년이었다.

페니키아인들은 티레만이 아니라 시돈을 비롯한 페니키아의 여러 도시에 티레자주색 염료 생산 및 염색 시설을 건설하여 자주색 염료산업으로 큰 부를 축적할 수 있었다. 티레 외의 지중해 연안에서도 뿔고둥을 채취하여 티레자주색을 얻을 수 있었음에도 다른 지역 사람들은 왜 그렇게 재정적 보상이 큰 사업을 하지 않고 앉아만 있었을까? 다른 지역 사람들이 페니키아인들과 경쟁할 수 없었던 몇 가지 이유가 있었다고 생각된다. 지중해 연안에 서식하는 뿔고둥의 종류가 10여 종이나 되었고 페니키아가 있는 동부 지중해 연안에 서식하는 뿔고둥도 2—3종류나 되었다. 뿔고둥의 종에 따라 티레자주색의 채도와 명도가 조금씩 달랐다. 그 당시의 티레자주색도 적색 계통과 청색 계통의 자주색 등 여러 가지가 있었는데 티레 연안에 서식하는 뿔고둥에서는 더 인기 있던 적색이 강한 티레자주색을 얻을 수 있었다.

티레자주색으로 염색된 섬유(복제품)

　지금도 티레자주색이 정확히 어떤 색깔인지 구별하기 쉽지 않다. 티레자주색을 RGB 102, 2, 60으로 규정하고 있지만, 티레자주색의 다른 명칭인 로얄자주색, 임페리얼자주색은 조금씩 다른 RGB로 규정하고 있다. 페니키아인들은 뿔고둥을 언제 채취하느냐에 따라 염료의 색깔이 어떻게 달라지는지도 알고 있었고, 여러 종류의 뿔고둥에서 얻은 염료를 어느 정도의 비율로 섞으면 어떤 색깔이 나오는지도 꿰뚫고 있었다. 그들은 많은 시간과 인력이 필요한 뿔고둥의 채취에서부터 섬세한 기술이 필요한 염색에 이르기까지 그 절차들을 정확하고 효과적으로 진행할 수 있었다. 그들은 고객들의 기호를 알았고 고객들이 주문하는 정확한 색깔로 염색된 최고 품질의 제품을 제공할 수 있었다.

자주색에 싸여 태어나다

페니키아인들은 매우 다재다능한 사람들이었으며 인류 문명에도 공헌한 바가 크다. 설형문자나 상형문자를 먼저 사용하기 시작한 것은 수메르인과 이집트인이었지만, 현재 서양 대부분의 지역에서 사용하고 있는 알파벳은 페니키아인들이 고안하여 그리스와 로마를 거쳐 현재에 이르고 있다. 페니키아인들은 선박 건조에도 우수한 기술력을 보유하고 있었으며 탁월한 항해술과 상업적 재능으로 해상무역에 일가견을 가지고 있었다. 페니키아인들은 금, 은, 동, 철과 같은 금속을 잘 다루는 기술을 가지고 있었으며 그 제품들은 중요한 수출품들이었다. 페니키아인들이 청동 제조에 필요한 주석을 구하기 위해 이미 수천 년 전에 영국에까지 항해했다는 주장도 있다. 성경에 나오는 유대인들과 티레인들의 교류 기록을 보면 티레자주색만이 아니라 티레 기능공과 장인들이 주위의 나라들로부터 높이 평가받고 있었음을 알 수 있다. 이스라엘의 왕 솔로몬이 그의 궁전을 짓기 위한 준비 과정에서 티레의 왕 히람에게 다음과 같은 편지를 보

냈다: "이제 청하건대 당신은 금, 은, 동, 철로 제조하며 자색 홍색 청색 실로 직조하며 또 아로새길 줄 아는 재주 있는 사람 하나를 내게 보내어 내 아버지 다윗이 유다와 예루살렘에서 준비한 나의 재주 있는 사람들과 함께 일하게 하고" (역대하 2: 7). 히람 왕은 다음과 같은 답장을 솔로몬 왕에게 보냈다: "내가 이제 재주 있고 총명한 사람을 보내오니 전에 내 아버지 후람에게 속하였던 자라 이 사람은 단의 여자들 중 한 여인의 아들이요 그의 아버지는 두로 사람이라 능히 금, 은, 동, 철과 돌과 나무와 자색 청색 홍색 실과 가는 베로 일을 잘하며..." (역대하 2: 13-14). 위의 성경에서 언급된 자색은 자주색을 말하며 두로는 티레를 말한다.

티레자주색 염료산업은 페니키아인들이 그들의 정치적 영향력을 읽어 버린 한참 후에도 오래 동안 번창하였다. 티레는 이집트로부터 또한 바빌로니아로부터 공격을 받았으며 기원전 539년에는 페르시아의 지배하에 놓였다. 그 후에도 티레는 여러 세력의 지배하에 놓였지만 염료산업은 번창하였다. 고대 그리스와 로마 그리고 비잔틴제국 시대에도 자주색 의상은 권력과 권위의 상징이었다. 특히 로마제국과 비잔틴제국 시대에 이르러 티레자주색은 황제의 자주색으로 자리매김하며 전설의 물질 중 하나가 되었다. 공화정 시대의 로마에서는 승전 장군들과 일부 귀족들에게 티레자주색 옷이나 자주색 띠가 허용되었다. 이탈리아의 바로크 화가 피에트로 디 코르토나가 1637년에 그린 '시저에 의한 클레오파트라 복위'에서 가이우스 줄리우스 시저가 자주색 옷을 입고 있는 것을 볼 수 있다. 제정 로마시대의 일부 황제들은 사치금지법을 제정하여 황제 외에는 누구도 티레자주색 옷을 입지 못하게 하였다. 비잔틴제국에서는 티레자주색의 통제가 더욱 철저해졌다. 그러한 상황을 표현한 '자주색에 싸여 태어나다'라는 말이 있었는데, 이는 고귀한 신분 즉 왕의 신분으로 태어나다는 의미로 사용되었다. 현재의 우리말로는 '금수저 물고 태어나다'가 비슷한 의미를 가진다고 할 수 있을 것이다.

피에트로 디 코르토나 '시저에 의한 클레오파트라 복위' 1637

　페니키아인들이 비밀로 유지했던 티레자주색 염색 방법은 수

백 년이 지나면서 서서히 그리스, 로마, 비잔티움 등으로 새어나갔다. 5세기 들어 서로마제국의 붕괴로 티레의 염료산업은 크게 위축되었고, 티레가 아랍인들에 의해 점령된 638년 이후에는 염료산업의 중심지가 비잔티움 제국으로 완전히 옮겨갔다. 오스만터키에 의해 1453년 콘스탄티노플이 함락되어 동로마 비잔티움제국마저 무너진 후에는 자주색 염료산업도 막을 내렸다. 티레자주색 염료는 더 구하기 어려워졌고 그것을 대신하여 싼값의 지의류 자주색 염료나 심홍색의 꼭두서니 염료가 사용되었다. 티레자주색을 다량으로 구할 수 없는 상황에서 교황 폴2세는 1464년에 추기경들의 의상을 위해 소위 '추기경 자주색'을 도입하였는데 그것은 실제 자주색 염료가 아니라 암연지 벌레로 부터 얻은 진홍색 케르메스 염료였으며 중세시대에는 이것이 고급 염료 중의 하나였다. 케르메스의 염료로서의 성질과 이용 가능성을 처음 찾아낸 사람들도 염료에 경험이 많았던 고대 페니키아인들인 것으로 알려져 있다. 어떻든 티레자주색 염료산업의 몰락과 함께 그 염료의 제조와 염색 방법도 오래 동안 역사에서 사라지게 되었다.

티레자주색의 신비

티레자주색을 제조하는 첫 번째 단계는 뿔고둥을 채취하는 일로서 가장 많은 시간과 노동력을 요구하는 단계였다. 뿔고둥이 육식동물이었으므로 미끼로 새우나 개구리를 담은 긴 줄이 달린 바구니를 바닥으로 내려 보낸 다음 그 바구니를 건져 올려서 뿔고둥을 채취했다. 티레자주색 염료는 뿔고둥의 기도 옆에 있는 분비기관 즉 아가미아랫샘에 들어 있는데, 염료를 추출하는 일반적인 방법은 그 연체동물을 단단한 껍질과 함께 짓이겨 부수거나 혹은 껍질을 떼어내고 점액샘만 잘라내는 것이다. 점액샘에서 분비되는 것은 티레자주색 염료가 아닌 그 전구체(전 단계 물질)로서 색깔을 띠지 않는 누르스름한 끈끈한 액체이다. 채취한 점액과 조직들이 섞인 추출물에 소금을 넣고 사흘간 두었다가 물을 붓고 돌 또는 납으로 된 염색용 통에서 약한 불로 열흘간 끓인다. 그리고 직물을 검붉은색을 띠는 이 용액에 담가서 염색을 한 후 공기 중에 내어놓고 햇볕을 쬐면 아주 찬란한 티레자주색을 띠게 된다. 실제로 뿔고둥의 점액선에서 채취한 액체를 공기 중에 방치하면 연한 녹색이 짙은 녹색으로 변하고 계속해서 청록색으로 변하며 그리고 보라색을 거쳐 점점 붉은색이 짙어져서 몇 시간이 지나면 아주 진한 붉은 자주색이 된다.

뿔고둥에서 채취한 점액의 흥미로운 색깔 변화는 많은 사람들의 호기심과 상상력을 자극하였으며, 고대 그리스 시대의 아리스토텔레스도 그의 저서에서 티레자주색 염색 과정에 대해 기술하고 있다. 실제 티레자주색의 염색 과정과 점액의 색깔 변화에는 흥미로운 여러 과정의 화학반응과 매혹적인 다수의 화합물들이 관여하고 있다. 그 당시의 페니키아인들은 물론 그 후의 사람들도 오랫동안 색깔 변화의 근본적 이유를 알지 못했으며, 그것은 현대적 화학지식이 없었던 그 시대 사람들에게는 당연히 불가능한 일이었다. 그러나 티레자주색 염색에 관한 화학 지식이 없었고 따라서 염료의 색깔 변화를 설명할 수 없었다고 해서 페니키아인들이 보유했던 화학 기술을 평가절하할 이유는 전혀 없다.

20세기 초에 이르러서야 티레자주색 염료의 화학구조식이 청색 염료인 인디고의 화학구조식과 매우 비슷하다는 놀라운 사실이 밝혀졌다. 두 물질의 화학구조식의 골격은 완벽하게 일치하고 단지 인디고의 수소 원자 두 개가 브롬 원자 두 개로 바뀐 디브로모인디고가 티레자주색의 성분임이 규명되었다. 그 후 티레자주색의 합성 방법이 정립되었으며, 뿔고둥에서 얻은 무색 점액의 화학구조식과 그것이 자주색으로 변하는 과정의 중간체들의 화학구조식이 밝혀졌고, 변환 과정의 각 화학반응이 완벽하게 규명되었다. 한 종류의 뿔고둥 점액에 들어 있는 티레자주색의 전구체가 한 가지 화합물이 아니라 비슷한 구조의 두세 가지 화합물임이 밝혀졌으며, 뿔고둥의 종류에 따라서도 전구체의 비율이 달랐다. 뿔고둥에 가장 많이 포함된 전구체는 6-브로모인독실이며, 이 화합물은 뿔고둥 자체에 포함된 효소에 의한 반응과 공기 중의 산소에 의한 산화반응 등 여러 단계를 거쳐 티레자주색으로 전환된다. 그러나 또 다른 전구체인 2-메탄술포닐-2-브로모인독실은 효소와 산소에 의해 녹색 물질이 되고 햇빛이 있어야만 그 녹색 물질이 티레자주색 염료로 전환됨이 확인되었다. 뿔고둥의 무색 점액이 자주색으로 전환되기 위해서 햇빛이 필요하다는 주장과 필요하지 않다는 주장이 있었다. 티레자주색의 화학구조식과 그 전구체와 중간체의 화학구조식 및 그것들에 관계된 화학반응식이 밝혀지면서 두 주장이 모두 틀리지 않았음이 증명되었다. 현재는 여러 가지 자주색을 낼 수 있는 다른 우수한 합성염료들이 있으므로, 티레자주색 염료가 상업적으로 판매되지 않으며 따라서 뿔고둥으로부터도 자주색 염료를 더 이상 생산하지 않고 있다.

페니키아인들은 대단히 복잡하고 여러 단계로 이루어진 일련의 화학반응을 적절히 통제하여 티레자주색을 대량으로 정확하게 염색하는 기술을 터득했으며, 그 기술을 바탕으로 인류 최초의 염료산업을 일으키고 이를 성공적으로 운영한 사람들이었다. 페니키아인들은 알파벳을 발명하여 인류 문명에 큰 족적을 남겼고, 우수한 선박 건조 기술과 항해술을 바탕으로 지중해 연안에 많은 식민지를 건설하고 부를 축적할 수 있었지만 이 과정에서 이웃 나라들의 질시의 대상이 되었다. 특히 티레는 그리스의 여러 도시들과 경쟁 관계에 있었고 티레가 건설한 카르타고는 로마의 오랜 숙적이었던 탓에, 결국 전쟁에서 패한 페니키아인들의 역사는 철저히 파괴되고 왜곡되었으며 서양 역사에서 무시되어 왔다. 지금도 레바논의 해안이나 북아프리카 일부 해안 지역에는 티레자주색 염료를 채취하고 버린 뿔고둥 껍질의 무더기가 여러 곳에 남아 있는데 그중의 일부는 수천년 전의 페니키아 시대의 것으로 판명되었다. 뿔고둥 껍질 무더기처럼 레바논에는 폐허가 된 다수의 고대 페니키아 유적지들이 발굴을 기다리고 있다.

참고문헌

안경조, 김정희, 유혜자 "자초 뿌리를 이용한 직물의 염색에 관한 연구" *Family and Environment Research* 2003, *41*, 249-257.
주영주, 소황옥 "다색성 천연염료의 매염 및 염색특성에 관한 연구(제1보) -자초-" *Journal of the Korean Clothing and Textiles* 2001, *25*, 1484-1492.
한국학중앙연구원 "한국민족문화백과대사전-복식" 1997.

Albright, W. F. "New Light on the Early History of Phoenician Colonization" *Bull. Am. Sch. Orient. Res.* 1941, *83*, 14-22

Brunello, F. "The Art of Dyeing in the History of Mankind" American Ed.; Neri Pozza; Vicenza, Italy, 1973.

Christophersen, C.; et al. "A Revised Structure of Triverdin: The Precursor of Tyrian Purple" *Tetrahedron* 1978, *34*, 2779-2781.

Fouquet, H.; et al. "Biological Precursors and Genesis of Tyrian Purple" *Angew. Chem. Int. Ed.* 1971. *10*, 816-817.

Jessen, L. B. "Royal Purple of Tyre" *J. Near Eastern Studies* 1963, *22*, 104-118.

Levey, M. "Dyes and Dyeing in Ancient Mesopotamia" *J. Chem. Educ.* 1955, *32*, 625-629.

McGovern, P. E.; Michel, R. H. "Royal Purple Dye: The Chemical Reconstruction of the Ancient Mediterranean Industry" *Acc. Chem. Res.* 1990, *23*, 152-158.

Niemeyer, H. G. "The Early Phoenician City-States on the Mediterranean: Archeological Elements for their Description" In A Comparative Study of Thirty City-State Cultures; Hansen, M. H. Ed.; Kongelige Danske Videnskabernes Selskab; Denmark, 2000; pp. 89-115.

Ziderman, I. I. "BA Guide to Artifacts: Seashellls and Ancient Purple Dyeing" *The Biblical Archaeologist* 1990, *53*, 98-101.

"고려의 도공들은 최상의 청자 색깔이 어떤 것인지 상상하고 예견했던 대단한 예술가들이었다. 또한 그들은, 수많은 시도와 실패를 맛보았겠지만, 때로는 논리와 때로는 직관을 앞세워 한없이 많은 경우의 수 가운데서 최상의 색깔을 주는 유약 성분의 조합을 찾아낸 과학자들이었다."

06

고려청자의 「비색」

우리 역사에서 최고의 예술품 중 하나를 말한다면 고려청자를 들 수 있겠다. 고려청자는 세계적으로 최고의 청자라고 우리는 자랑한다. 우리만의 자랑이 아니라 고려청자가 제작되었던 당시에도 고려청자의 명성은 국제적인 것이었고, 현대에도 국내외 전문가가 고려청자가 궁극에 다다른 최고의 청자였음을 인정하고 있다. 고려청자는 유려한 윤곽선과 섬세한 무늬와 완벽한 푸른색이 아름답게 조화를 이루고 있다. 천상의 작품이며 신의 손길이 닿은 듯하다. 그 당시 자신들이 최고의 청자를 만들고 있다고 생각했던 송나라 사람들이 특히 감탄한 것은 고려청자의 완벽한 푸른색이었다. 고려에서는 이를 비색(翡色)이라 하였다. 고려 인종 때 송나라 사신의 일원으로 고려에 왔던 서긍은 그의 저서 '선화봉사고려도경'에서 다음과 같이 쓰고 있다, "도자기 색이 푸른 것을 고려인들은 비색이라 부른다. 요즈음 그 제작이 절묘해졌는데 그 색택이 더욱 아름답다. (...) 사자가 향을 토해 피어오르는 형상의 향로도 아름다운 비색이다. (...) 많은 그릇 가운데 이것이 가장 뛰어나고 절묘하다" 서긍이 언급한 고려청자는 국립중앙박물관에 소장되어 있는 12세기 전반에 제작된 국보 제60호

'청자 사자형뚜껑 향로'인듯하다. 그 당시 송나라는 최고의 청자 제작 기술을 보유하고 있었고 실제로 최고 수준의 청자를 만들어 내고 있었다. 중국에서는 당나라 이래로 그들이 제작한 최상품 청자들이 신비한 최고의 색깔을 띠고 있다 하여 비색(秘色) 청자라 하였다.

국보 제 60호 청자 사자형뚜껑 향로+

+ 문화재청 국가문화유산포털(http://www.heritage.go.kr/)

그러나 고려청자를 접하였을 때 서긍만이 아니라 당시의 많은 송나라 지식인들이 고려청자의 색깔에 찬탄을 금치 못하였다. 그들은 고려청자의 비색(翡色)이 궁극에 달한 청자의 색임을 인정하지 않을 수 없었다. 현재 이 분야 최고의 전문가 중의 한 사람인 영국의 니젤 우드 교수는 그의 저서 '중국 유약'에서 다음과 같이 말하고 있다. "송나라 여요 청자 제작자들이 노력하고 추구했던 궁극의 청자는, 정말 기묘하게도, 중국이 아니라 한국에서 완성되었다. 고려시대의 한국 도공들이 만들어낸 청록색의 청자 유약은 분명히 질적으로 유일무이한 최고의 것이었다." 니젤 우드 교수가 언급한 여요(汝窯, Yue kilns)는 월주요가 쇠퇴한 이후 송나라의 여러 청자 제작지 중에서 최고의 청자를 만들어 내던 곳이었다.

비색의 시작

한국 청자의 시작 시기에 관해서는 9세기 통일신라 말기 또는 10세기 전반인 고려시대 초기 등의 몇 가지 주장이 교차한다. 일부 북한 학자들은 한반도 청자의 시작이 고구려까지 거슬러 올라가야 한다고 주장하지만, 그 증거가 충분하지 않다. 중국에서 수입되었거나 한반도에서 제작되었던 청자와 그 파편들이 한반도에서 많이 발굴 되었지만, 그 제작연대를 50년이나 100년 정도의 정확성으로 측정할 수 있는 방법이 현재로서는 존재하지 않는다. 발굴 유물들 자체와 발굴 장소가 가장 중요한 증거이긴 하지만 그것들의 제작연대는 수많은 다른 자료들과 비교분석하여 추정될 수밖에 없다.

그러나 9세기 통일신라 말기에 한반도에서 청자가 제작되기 시작했다는 주장이 상당한 설득력이 있다고 생각된다. 청록색 청자와 같은 고급 자기의 제작 장소로 적당한 곳은 수요가 있는 곳에 제작품을 쉽게 공급할 수 있는 지역이어야 했을 것이다. 값비싼 청자의 수요가 있던 곳은 왕실과 귀족들이 있던 도읍지이거나 혹은 또 다른 부와 권력의 중심지이었을 것이다. 통일신라 말기의 극심한 사회적 혼란과 권력 투쟁으로 유명무실해진 왕실이 있던 경주 대신에 해외무역과 교역으로 막강한 부와 권력을 축적했던 장보고의 청해진을 중심으로 한 서남해안 일대를 일부 학자들은 주목한다. 서남해안 일대에서 발굴된 청자와 그 파편들 중 다수가 중국에서 수입된 것들이지만, 일부는 한반도 초기 청자가 그 곳에서 통일신라 말기에 제작되었음을 암시하고 있다.

한반도 초기 청자의 제작 시기에 관한 상충된 주장들과는 달리, 그 제작이 중국 월주요의 기술과 도공들의 영향을 받아 시작되었다는 사실에는 이론이 없다. 한나라 때인 1세기 초부터 1000년 간 중국 청자 생산의 중심지였던 월주요는 당나라 때에 제대로 된 청자를 만들기 시작하였고 오대십국 시대(907—979)의 오월국 때에 이르러 최고의 비색(秘色) 청자를 생산하였다. 오월국이 북송에 합병된 후에도 월주요는 잠시 동안 최고의 청자를 생산하였지만 얼마 지나지 않아 쇠퇴하여 청자 생산의 중심지는 다른 곳으로 옮겨 갔다.

특히 송나라 때는 월주요 대신 여요가 최고의 비색 청자 생산지가 되었다. 일찍이 월주요 비색 청자들은 한국 일본 등 동아시아와 이집트 이라크 이란 등 중동지역으로 대량 수출되었을 뿐만 아니라 그 제작 기술이 중국의 다른 지역과 한반도로 전파되었다. 특히 당나라 말기부터 송나라 초기까지의 혼란기에는 월주요의 많은 도공들이 중국의 다른 지역으로 이주 하였으며 일부는 고려로 이주하였다고 추정된다. 한반도에서도 그 당시 상당히 높은 온도에서 경질 도기를 제작하는 기술과 요지는 확보되어 있었으므로, 청자 제작의 몇 가지 독특한 기술만 추가되면 그 제작이 비교적 쉽게 시작될 수 있었을 것이다.

청자 소문해무리굽 완+

청록색을 띤 초기 청자로서 한반도에서 많이 사용되었고 다량

+ 국립민속박물관(www.nfm.go.kr)

으로 제작되었던 청자 중의 하나는 해무리굽 완이었다. 신라시대 이래로 발달된 한반도의 차 문화는 해무리굽 완과 같은 다완의 수입과 생산을 촉진시켰다. 차사발의 바닥에 굽이 있고, 그 굽이 해무리처럼 둥근 모양이었으므로 해무리굽 완이라 하였다. 11세기에 이르러 고려청자는 제대로 된 비색을 보여주기 시작했으며 12세기에는 순청자의 전성기를 맞게 된다.

청자를 분류하는 방법이 여러 가지 있지만, 그 중 한 가지는 청자에 문양을 새기는 방법에 따라 나누는 것이다. 음각, 양각, 투각 등의 기법으로 문양을 만드는 순청자와 상감 기법으로 문양을 새기는 상감청자의 두 가지로 분류할 수 있다.

(왼쪽)국보 제97호 청자 음각연화당초문 매병
(가운데)국보 제169호 청자 양각죽절문 병
(오른쪽)국보 제95호 청자 투각칠보문뚜껑 향로+

음각은 그릇의 표면에 조각칼로 문양 윤곽선을 파내어 문양을

+ 문화재청 국가문화유산포털(http://www.heritage.go.kr/)

새기는 기법이다. 국립중앙박물관에 소장되어 있는 국보 제97호 '청자 음각연화당초문 매병'은 12세기 고려시대 순청자 전성기에 제작된 청자로서 자기의 몸통에 큰 연꽃덩굴 무늬가 음각으로 그려져 있다. 양각은 문양의 윤곽선 바깥쪽을 비스듬히 깎아내어 문양이 도드라져 입체적으로 보이도록 하는 기법이다. 삼성미술관 리움에 소장되어 있는 국보 제169호 '청자 양각죽절문 병'은 12세기 고려시대 작품이다. 목에서 몸통 아래 부분까지 대나무를 양각으로 새겼으며 대나무 마디는 음각으로 표시하였다. 투각은 도자기에 문양을 그려 넣은 후 그에 따라 구멍을 뚫어서 문양을 표시하는 기법이다. 고려 전기의 작품인 국보 제95호 '청자 투각칠보문뚜껑 향로'에서는 윗부분 뚜껑의 칠보문양이 투각기법으로 표현되어 있다.

국보 제68호 청자 상감운학문 매병+

고려의 도공들이 이룩한 최고의 업적인 비색 청자의 제작에 덧붙여 또 하나의 큰 성취는 상감청자의 제작이었다. 상감기법은 자기의 표면을 깎아내어 음각 무늬를 새기고 그 무늬에 다른 흙을 채워 문양을 표현하는 기법이다. 자토나 백토를 채우고 유약을 바른 후 구워내면 자토는 흑색으로 백토는 백색으로 발현된다. 고려에서 상감청자의 생산은 10세기

+ 문화재청 국가문화유산포털(http://www.heritage.go.kr/)

초에 시작되었지만 12세기 후반에 와서야 고급 상감청자를 생산하게 되었다. 간송미술관에 소장되어 있는 국보 제68호 '청자 상감운학문 매병'은 13세기 전반에 제작된 것으로 현존하는 최고의 상감청자 중 하나이며, 그 크기는 높이 42.1cm, 입지름 6.2cm, 밑지름 17cm이다. 비색과 백색과 흑색의 절묘한 조화는 물론이고 하늘을 향해 날아오르는 원 안의 학과 아래로 향한 원 밖의 학의 대칭적 배치 그리고 매병 몸통의 풍만하고 유려한 선의 아름다움은 가히 인간의 솜씨를 넘어선 천상의 작품인 듯하다. 매병은 술과 같은 액체를 담는 용기로서 당나라와 송나라에서 유래한 것이지만 아마도 '청자 상감운학문 매병'보다 더 화려하고 아름다운 매병은 존재하지 않을 것이다.

유약에 숨은 과학

고려 상감청자에서 표현된 기술적 정교함과 예술적 아름다움에 필적할 만한 청자들이 많지 않을 것이다. 그러나 앞에서도 언급한 바와 같이 고려청자가 세계적으로 명성을 얻었던 더욱 중요한 이유는 비색(翡色)의 완성이었다. 고려청자의 비색은 월주요 청자나 송나라의 여요 청자가 그렇게도 추구했던 궁극적인 청자의 색이라 할 수 있다. 청자를 제작하기 위해서는 자기를 구워낼 가마가 있어야하고 적절한 성질의 점토 즉 태토를 확보하여야 하며 청자의 표면에 바를 유약이 있어야한다. 우선 태토로 자기의 모양을 만드는 성형과정을 거쳐 문양을 새기고 건조과정을 거친다. 건조된 자기를

800—900 도 온도의 가마에서 초벌구이를 한다. 구워낸 자기에 유약을 바르고 다시 건조과정을 거친 다음 1200—1300도의 가마에서 재벌구이를 하여 청자를 완성한다.

청자의 비색 발현에 영향을 끼치는 요인들 중 가장 중요한 것이 유약과 굽는 조건이다. 유약이 출현하는 과정을 살펴보자. 선사시대의 토기나 초기의 도기를 만들 때에는 유약이 없었으나 이들의 제작 과정에서 유약이 자연스럽게 개발되었다고 추측된다. 토기를 가마에서 구울 때 땔감으로부터 생기는 재티가 날아다니다가 토기의 표면에 붙으면 재티가 붙은 태토의 겉 부분이 재와 함께 살짝 녹아내려서 유리질 모양으로 변한다. 이 같은 현상을 알게 된 일부 도공들은 재를 이용한 유약을 인공적으로 만들었으며, 이를 재유 또는 회유(灰釉)라고 한다. 회유를 표면에 발라서 제작한 토기를 회유 토기라 하며 이것이 청자 제작의 시초가 되었다.

토기 제작에 필요한 태토와 자기를 만드는 태토가 다르긴 하지만 공통적으로 태토에 가장 많이 포함된 성분은 이산화규소인 실리카이다. 실리카는 모래나 흙에 가장 많이 포함된 성분이며, 실리카의 녹는점은 1730도이다. 실리카 다음으로 태토에 많이 포함된 성분은 산화알루미늄 즉 알루미나이며, 이것의 녹는점은 더 높은 2072도이다. 따라서 토기 제작에 필요한 비교적 낮은 온도에서는 물론 자기 제작에 요구되는 1300도의 높은 온도에서도 자기 표면의 태토는 녹지 않는다. 그러나 재티가 붙은 부분은 놀랍게도 재티와 함께 표면의 태토가 낮은 온도에서도 녹는다. 모든 물질이 그런 것은 아니지만 어떤 두 가지 이상의 고체 물질을 적절한 비율로 섞으면 그 혼합물이 마치 하나의 물질처럼 같은 온도에서 함께 녹게 되고, 혼합물의 녹는점은 각 물질의 녹는점보다 더 낮아진다.

현대과학에서는 이 같은 현상을 공융(共融)이라고 하고, 이렇게 적절한 비율로 섞인 혼합물을 공융계라고 하며 공융계의 녹는점을 공융점이라 한다. 재티의 주성분인 산화칼슘은 태토의 주성분인 실리카 및 알루미나와 공융계를 이루어 낮은 온도인 공융점에서 녹아 자기 표면에 얇은 유리질 막을 이룬다. 유약을 자기 표면에 바르고 가마에서 소성하는 경우, 유약의 성분과 자기의 표면의 태토 성분이 공융계를 이루어 녹아서 유리질 피막을 만든다. 유약은 자기의 적절한 색상을 구현할 뿐만 아니라 피막을 만들어 자기를 더 강하게 한다.

불완전함이 빚어내는 푸른 빛

유약 이상으로 청자의 비색에 영향을 미치는 것은 '자기를 어떤 조건에서 소성하느냐'이다. 가마에서 자기를 환원염(還元焰) 즉 환원불꽃으로 구워야만 자기의 색깔이 청록색이 되며, 환원염으로 굽지 않으면 황색이나 갈색으로 변한다. 환원염이 아닌 조건에서 소성하여 황갈색을 띄는 대표적인 청자 중의 하나가 고려시대에 제작된 국립중앙박물관 소장 국보 제113호 '청자 철화양류문 통형 병'이다.

국보 제113호 청자 철화양류문통형 병+

환원의 일상적인 의미는 '원래의 상태로 돌아가는 것' 또는 '되돌리는 것'이다. 자연과학에서는 산화의 반대 작용이 환원이다. 즉 산화된 것을 환원시켜 반대 방향으로 돌려보낸다는 의미이다. 고전적인 의미에서는 어떤 물질이 산소와 결합하게 되면 산화된 것이고, 산소를 잃게 되면 환원된 것이다. 현재 산화와 환원의 정의는 훨씬 더 광범하지만, 산소의 획득과 손실은 대표적인 산화 환원에 속한다. 따라서 환원염에서 자기를 굽는다는 것은 자기 표면에 칠한 유약의 어떤 성분에서 산소를 제거한다는 것을 뜻한다. 이렇게 유약에 포함된 소량의 산화철(III)의 일부가 산소를 잃어서 산화철(II)로 환원되어야만 자기의 표면에 청록색이 발현될 수 있다.

가마에서 산화철(III)을 환원시키는 물질 즉 환원제는 연료를

+ 문화재청 국가문화유산포털(http://www.heritage.go.kr/)

태울 때 생기는 일산화탄소이다. 일산화탄소는 매우 반응성이 큰 기체로서, 특히 다른 물질로부터 산소를 빼앗아서 비교적 안정한 이산화탄소로 되려는 경향이 매우 크다. 다시 말해서 일산화탄소는 강력한 환원제이다. 그러나 연료가 탈 때 충분한 산소가 공급되어 완전연소가 진행된다면, 일산화탄소는 생기지 않고 이산화탄소만 발생할 것이다. 환원염은 그 반대로 연료가 불완전연소하여 불꽃 속에 일산화탄소가 상당히 포함되어 있는 경우를 말한다. 즉 가마에 산소 공급이 너무 많으면 환원염을 만들 수 없다. 그러므로 환원염을 만들려면 가마에서 연료를 태울 때 공기의 공급을 최소한으로 유지하여야한다. 자기를 제작하는 현장에서 도공들은 가마에 자기를 넣고 연료를 태울 때에 가마에 있는 여러 개의 공기구멍을 적절히 조절하여 가마에 공급되는 산소의 양을 조절함으로써 환원염을 만든다. 환원염에서 생성되는 일산화탄소는 유약에 1—2% 포함된 소량의 산화철(III) 일부의 산소를 빼앗아 산화철(II)를 만들고 스스로는 이산화탄소가 된다. 환원염 하에서 청자 표면에 생성되는 산화철(II)와 환원되지 않고 남아 있는 산화철(III)의 비율은 청자의 색깔을 결정하는 중요한 요소로 작용한다.

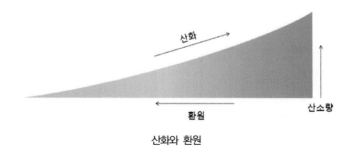

산화와 환원

청자의 청록색 발현에 가장 중심이 되는 성분이 유약에 포함된 소량의 산화철(III)과 환원 소성후 생성된 산화철(II)이지만, 순수한 산화철 중의 어떤 것도 그 자체로서 청록색을 띠지는 않는다. 흑색인 순수한 산화철(II)는 물 분자와 결합하면 엷은 녹색조의 회색이 되며, 붉은색의 순수한 산화철(III)은 물 분자와 함께 결정을 만들면 황색이 된다. 또한 순수한 산화철(II)나 산화철(III)을 높은 온도에서 가열하면 회색, 갈색 또는 흑색이 되기도 한다. 또한 산화철(III)이 일부 환원되어 산화철(III)과 산화철(II)가 섞여 있는 경우는 흑색이 되기도 한다. 또한 유약에 들어 있는 주성분인 산화실리콘(실리카)과 산화알루미늄(알루미나) 및 산화칼슘은 환원 소성후 거의 변하지 않고 청자 표면에 남아 있지만 그 자체로서는 색깔을 띠지 않는다. 미량 성분인 산화티타늄, 산화망간, 오산화인의 색깔도 청록색이 아니다. 따라서 고려청자의 비색은 훨씬 더 복잡한 메커니즘에 의해 발현되는 것으로 보이며 상당한 연구들이 진행되었지만 아직도 완전한 설명은 어렵다. 현재로서는 유약 성분 중 1—2% 포함되어 있는 산화철(III)이 발색에 가장 중요한 물질이며, 0.1—1% 포함된 미량의 산화티타늄도 발색에 중요한 요소인 것으로 보고 있다.

환원염으로 소성된 후에 청자 표면에 생성된 유리질 피막에는 산화철(II)와 산화철(III)이 소량 함께 존재하며 미량의 산화티타늄은 변하지 않고 그대로 존재한다. 이들 세 가지 물질의 양과 비율이 비색 발현에 결정적인 영향을 끼치는 것으로 보인다. 산화철과 산화티타늄에 의한 청자의 발색 메커니즘으로 제안된 것 중 첫째는 산화철(II)의 +2 철 이온으로부터 산화철(III)의 +3 철 이온으로 전자 하나가 옮겨가는 과정 및 산화철(II)의 +2 철 이온으로부터 산화티타늄의 +4 티타늄 이온으로 전자 하나가 옮겨가는 과정이 합쳐져서 비색을 띤다는 설명이다. +2 철 이온으로부터 +3 철 이온으로 전자 하나가 옮겨가면 가시광선의 노란색 부분이 흡수되어 차가운 청색이 나타난다. +2 철 이온으로부터 +4 티타늄 이온으로 전자 하나가 옮겨갈 때는 가시광선의 특정 파장이 흡수되어 옅은 노란색이나 갈색이 나타난다. 이 두 가지 과정에서 생기는 차가운 청색과 옅은 노란색이 합쳐져서 청자의 비색이 나타난다. 미량의 산화티타늄의 존재에 의해 자기는 차가운 청색이 아닌 청록색을 보여주게 된다. 산화티타늄의 작동 메커니즘에 관한 다른 이론은 산화티타늄의 +4 티타늄 이온이 산화철(III)을 안정화 시켜 산화철(II)와 산화철(III)의 비율에 영향을 끼침으로서 청록색 발현에 관여한다는 것이다.

한편 청록색 발현에 대한 완전히 다른 메커니즘은 철 이온들 사이의 전자이동 그리고 철 이온과 티타늄 이온 사이에서의 전자이동을 부정한다. 즉 이 메커니즘은 철 이온의 주위에 있는 실리카와 알루미나 및 산화칼슘의 산소들이 철 이온과 상호작용한다는 것이다. 그 상호작용은 철 이온에 있는 전자의 궤도함수들 사이의 에너지 간격에 영향을 끼쳐서 철 이온이 가시광선의 적절한 파장을 흡수하게 함으로써 청록색이 발현된다는 것이다. 그러나 위의 몇 가지 설명들만으로 청자의 비색을 완벽하게 설명했다고 할 수는 없다. 왜냐하면 유약에 미량 포함된 산화망간과 오산화인도 청록색 발현에 영향을 끼친다는 연구결과들이 존재하기 때문이다. 또한 소성과정에서 유약 성분들이 녹아서 유리질이 될 때 표면이 완전히 균일하지 않고 불균일한 상분리가 일어나거나 많은 작은 방울들이 생겨서 빛의 산란이 일어나고 이것이 자기의 색깔에 영향을 끼친다는 연구결과도 있다.

고려청자의 비색 발현에 대한 자세하고 정확한 메커니즘은 워낙 많은 요소들을 고려해야 하므로 완벽하게 제시될 수 없을 지도 모른다. 그러나 청자 표면에 생성된 산화철(II)의 +2 철 이온에서 산화철(III)의 +3 철 이온 및 산화티타늄의 +4 티타늄 이온으로 전자가 옮겨갈 때 비색이 발현된다는 첫 번째 메커니즘이 상당히 설득력이 있어 보인다. 당시 최고의 청자로서 자웅을 겨루었던 송나라 여요청자와 우리의 고려청자의 색깔 차이를 위에 제시된 메커니즘들로 설명할 수 있을까? 위에 제시된 메커니즘은 둘의 차이보다는 둘의 공통점을 얘기하고 있다. 즉 자기의 청색 내지 청록색이 어떻게 발현되는가 하는 설명이다.

도공의 고집이 만든 작품

고려청자와 여요청자는 대체적으로 봤을 때는 비슷한 청색을 띠지만, 최고급 고려청자가 보여주는 비색(翡色)은 너무 차가운 청색도 아니며 너무 부드러운 청색도 아니다. 짙은 색 같지만 어둡지 않다. 녹색 성분이 청색에 묻혀서 미묘하게 완벽한 색깔을 보여주고 있다. 고려청자와 여요청자의 색깔 차이는 가마의 차이와 유약의 차이에서 연유한다. 중국의 가마는 벽돌로 만든 벽돌가마(전축요)인 반면 고려의 가마는 흙가마(토축요)였다. 청자 제작 초기에는 우리의 도공들도 벽돌가마를 사용하였으나 곧 불 조절이 쉬운 작은 흙가마를 사용하여 환원염을 효과적으로 만들어낼 수 있었다.

무엇보다 가장 중요한 차이는 유약 성분의 차이에 있었다. 여요청자와 고려청자의 태토 성분은 놀랍게도 거의 비슷하다. 그러나 유약 성분 중에서 특히 산화철(III)과 산화티타늄의 비율에 큰 차이가 있다. 고려청자의 유약에는 1—2%의 산화철(III)과 0.1—0.2%의 산화티타늄이 포함되어 있으나, 여요청자의 유약은 고려청자의 유약에 비해 1.5—2배 이상의 산화철(III)과 2—8배의 산화티타늄을 포함하고 있다. 고려의 도공들은 최상의 청자 색깔이 어떤 것인지 상상하고 예견했던 대단한 예술가들이었다. 또한 그들은, 수많은 시도와 실패를 맛보았겠지만, 때로는 논리와 때로는 직관을 앞세워 한없이 많은 경우의 수 가운데서 최상의 색깔을 주는 유약 성분의 조합을 찾아낸 과학자들이었다. 중국의 도공들이 유약의 주요 성분으로 태토를 사용한 반면 고려의 도공들은 냇가의 차돌들을 불에 구운 다음 곱게 빻아 사용하였다. 나뭇재 또한 유약의 주요 성분인데 고려의 도공들이 어떤 나무를 사용하였는지 정확히 알려져 있지 않다. 소나무 나뭇재가 청자유 제작에 적합하다는 근래의 일부 연구결과가 알려져 있지만, 고려의 도공들이 소나무 나뭇재만을 사용한 것 같지는 않으며 그 증거도 없다. 이름도 알려지지 않은 고려의 도공들은 모든 성분들의 함량이 최적에 다다른 궁극의 유약을 결국은 찾아냄으로서 고려청자의 비색을 완성하였다.

국보 제 133호
청자 동화연화문 표주박모양 주전자+

고려청자의 채색 문양은 비색 바탕에 자토와 백토를 이용한 흑색과 백색 문양이 주를 이룬다. 흑색과 백색이 아닌 붉은색 문양이 새겨진 고려청자 하나를 살펴보자. 삼성미술관 리움에 소장된 국보 제133호 '청자 동화 연화문 표주박모양 주전자'는 경기도 강화 최항의 무덤에서 출토되었다. 최항은 고려 무신정권시대에 1249년부터 1257년 사망할 때까지 실권을 장악하였으므로 이 청자는 1257년보다 이른 시기에 제작되었다고 추정할 수 있다. 표주박 모양의 몸통이 연잎으로 장식되어 있으며 연잎의 가장자리와 잎맥을 붉은색으로 장식하였다. 검은색의 산화동(II) 안료로 문양을 만든 후 환원염으로 번조하여 붉은색을 발현시켰다. 산화동(II)가 일산화탄소에 의해 산소를 잃으면 일단 적갈색의 산화동(I)이 된다. 산화동(I)이 일산화탄소에 의해 나머지 산소까지 모두 뺏기

+ 문화재청 국가문화유산포털(http://www.heritage.go.kr/)

게 되면 적색의 금속 구리로 변한다. 이 과정에서 흥미 있는 사실은 금속 동이 생길 때 냉각 속도에 따라서 생성되는 구리 입자의 크기가 달라지고 따라서 색깔이 달라진다는 것이다. 냉각속도가 많이 느리면 구리 입자의 크기가 커지고, 냉각 속도가 너무 느리지 않으면 생성되는 금속 동의 크기가 20—50 nm의 나노입자가 되어서 강렬한 붉은색을 띤다. 산화동(II)로 무늬를 만든 후 환원염으로 처리하여 발현된 붉은색 문양을 동화(銅畵)라고 한다. 붉은색을 이루는 주성분은 금속 구리 나노입자이며, 산화동(I)도 일부 포함되어 있다. 그러나 최근의 일부 연구결과는 붉은색을 이루는 성분에 금속 동과 산화동(I)외에도 환원되지 않은 일부 산화동(II)가 함께 존재한다고 주장한다. 낮은 온도에서 번조하던 도기 제작 시에는 일찍이 산화동(II)를 안료로 사용하여 여러 가지 색깔을 발현할 수 있었지만, 고화도에서 제작하는 청자에 산화동(II)를 사용하여 붉은색을 발현시키는 것은 상당히 어려운 일이었다. 고려의 도공들은 산화동(II)를 사용하여 최초로 청자에 적색무늬를 만들어 낼 수 있었다.

일부 학자들과 일부 자료들은 '청자 동화연화문 표주박모양 주전자'를 '청자 진사연화문 표주박모양 주전자'라고 부른다. 진사는 인류가 사용해온 붉은색 안료 중 석간주 다음으로 오래된 것으로 1만여 년 전부터 사용된 안료이다('선망의 붉은 기운 진사' 편 참조). 붉은색 무늬가 있는 청자나 백자의 이름에 진사라는 단어를 처음 사용한 것은 일본인 학자들이었다. 그들은 무늬의 붉은색 성분이 무엇인지 알지 못하면서, 붉은색 안료이니 그것은 진사일 수밖에 없다고 생각했다. 진사의 성분인 황화수은은 섭씨 850도에서 녹거나 분해되기 때문에 1200—1300도의 높은 온도에서 구워내는 청자의 안료로 사용될 수가 없다. 한국의 일부 학자들은 일본 학자들에게서 배웠고 또는 그 주장을 무비판적으로 수용하여 동화를 여전히 진사라 부르면서 그들의 주장을 매우 해괴한 방법으로 정당화하고 있다. 성분이 무엇이든 관계없이 그 색깔이 진사의 색깔을 닮은 붉은색이므로 진사 또는 진사채라고 불러도 아무 문제가 없다는 억지 주장을 펴고 있다. 즉 그들이 청자나 백자의 이름에 사용한 '진사'는 성분이 아니라 색깔을 의미한다는 주장이다. 그들은 계속해서 청자와 백자의 명칭과 그 안료의 명칭에 큰 혼란을 유발함으로서 비전문가들은 물론 일부 전문가들도 실제로 진사 즉 황화수은이 청자의 안료로 사용되었다고 잘못 알고 있다. 문화재 명칭의 표준이 되는 문화재청 국가문화유산포털에는 '청자 동화연화문 표주박모양 주전자'라고 올바른 명칭이 등재되어 있으나, 정작 이를 소장하고 있는 삼성미술관 리움에서는 이를 '청자진사 연화문 표형주자'라고 등재하여 진사라는 용어를 쓰고 있다. 한편 국사편찬위원회에서 2010년에 출간한 도서 '한반도의 흙, 도자기로 태어나다'에는 '청자진사 연화문 표주박형 주자'라 하여 진사로 표기하고 있다. 조선백자 중에도 동화 백자들이 있지만 일부 학자들과 기관에서는 그것 역시 진사 백자라 부르고 있다. 국보 고려청자와 조선백자의 이름조차 제대로 부르지 못하는 우리의 모습이 딱할 따름이다.

참고문헌

국사편찬위원회 "한국문화사 32. 한반도의 흙, 도자기로 태어나다" 경인문화사, 서울, 2010
김인규 "월주요 청자와 한국 초기 청자" 일지사, 서울, 2007
오니시 마사타로 "도예의 유약·이론과 조제의 실제" 푸른길, 서울, 2010
정양모 "한국의 도자기" 문예출판사, 서울, 1991
진홍섭 "청자와 백자" 세종대왕 기념 사업회, 서울, 1974

Bin, Z.; Zhengyao. G. "NAA and Mössbauer Study on the Colorative Mechanism of Yaozhou Celadon in Ancient China" *Hyperfine Interact.* 2002, *142,* 593-599.

Bristow, J. K.; et al. "Defect Chemistry of Ti and Fe Impurities and Aggregates in Al_2O_3" J. Mater. *Chem. A* 2014, *2,* 6198-6208.

Hidaka, M.; et al. "Correlation between the Green-like Coloration and the Structural and Electronic Properties of Celadon Glazes (I)" *Cerâmica* 2012, *58,* 328-337.

Kim, J.-Y; et al. "Mössbauer Spectroscopic and Chromaticity Analysis on Colorative Mechanism of Celadon *Glaze"* Ceram. *Int.* 2011, *37,* 3389-3395.

Li, Y.; et al. "Revealing the Coloration Mechanism in the Earliest Chinese Celadon Glaze" *J. Eur. Ceram. Soc.* 2019, *39,* 1675-1682.

Shi, P.; et al. " Study on the Five Dynasty Sky-Green Glaze from Yaozhou Kiln and Its Coloring Mechanism" *Ceram. Int.* 2017, *43,* 2943-2949.

Wang, Y.; et al. "Study on the Copper and Iron Coexisted Coloring Glaze and the Mechanism of the Fambe" *J. Eur. Ceram. Soc.* 2018, *38,* 3681-3688.

Wood, L. "Chinese Glazes: Their Origins, Chemistry and Re-creation" A & C Black, London, 1999.

"보수적인 일부 화가들은 새로 나온 합성안료들의 사용을 주저하였으나 다수의 인상주의 화가들은 전통적으로 사용하여 오던 안료 대신에 새로운 합성안료를 과감히 사용하기 시작하였다. 크롬이나 카드뮴이나 코발트 성분의 새로운 노란색과 적색과 청색 안료는 인상주의 회화에서 보는 강렬한 색채의 근원이 되었다."

07

인상주의의 탄생과 「새로운 안료」

인상주의는 르네상스 이래로 수 백여 년간 서양 미술계를 강고하게 지배해온 고전미술의 전통과 규칙에 대한 도전이었다. 19세기 중반 프랑스에서 시작된 인상주의 운동은 서양미술사에 한 획을 긋는 혁명이었으며, 현대미술의 시작을 알리는 사건이었다. 1860년대 까지도 프랑스 학사원의 한 분과인 아카데미(미술원)가 프랑스의 미술계를 지배하고 있었다. 화가들이 작품을 발표하고 평판을 얻기 위해서는 우선 아카데미가 주최하는 미술전, 소위 살롱에 입선하여 작품을 전시할 수 있어야 했다. 아카데미가 살롱의 심사위원을 임명하였을 뿐만 아니라, 박물관이나 황제의 소장 미술품 구매도 주관하고 있었다. 아카데미가 이상적으로 생각했던 회화는 르네상스에서 고전주의를 거쳐 신고전주의로 이어지는 고전미술이었다.

고전미술에서는 형식보다는 내용을 중시했으며, 회화가 보는 이들의 눈을 즐겁게 해줄 뿐만이 아니라 정신적 교훈을 전달할 수 있어야 했다. 따라서 '무엇을 그릴 것인가'라는 주제가 매우 중요했다. 고전주의 회화에서 최고의 주제는 성서에 기록된 이야기, 신화

속의 장면, 역사적 위인의 행적이었다. 인물화가 그 다음 위치를 차지했으며 풍경화도 고급의 주제는 아니었다. 정물화는 하급의 주제이었으며, 서민의 생활을 묘사한 풍속화는 아예 경멸의 대상이었다. 1789년의 프랑스 대혁명은 고전주의의 틀을 흔드는 위기였다. 그 영향중의 하나는 신고전주의의 등장이었다. 미술가들이 새로운 종류의 주제를 찾아 나섰으며, 그 당시의 일화와 사건에서도 영웅을 찾고 그것을 주제로 삼아 장엄하고 엄숙한 그림을 그렸다. 예를 들면 신고전주의의 지도자였던 자크 루이 다비드는 암살된 프랑스 대혁명의 지도자 중의 하나인 쟝-폴 마라를 대의명분을 위해 죽은 순교자의 모습으로 1793년의 그의 작품에서에 그려내고 있다.

그러나 신고전주의도 역시 고전미술이었으며, 바로크, 로코코 그리고 신고전주의에 반대해서 나타난 낭만주의조차도 고전미술의 범주에서 완전히 벗어나지는 못했다. 고전미술은 내용에서만이 아니라 형식에서도 진부하고 엄격했다. 과거의 사건이나 인물을 생생하게 묘사해야 했으므로 그것은 가상의 재현이었으며, 고전미술에서는 이 재현된 가상을 이상적인 아름다움으로 끌어 올려야했다. 그리고 붓놀림의 흔적이 남아 있지 않는 매끈한 질감의 그림을 선호하였다. 또한 고전미술에서는 선이 색채보다 중요하다고 강조했으며, 색채는 그 자체로서 독립적인 가치를 갖지 못하고 형태를 돋보이게 하는 데 목적이 있다고 생각되었다.

귀스타브 쿠르베의 '돌 깨는 사람들' 1849년

　　인상주의에 앞서 고전미술의 붕괴를 알리는 사건은 19세기 중
엽 프랑스에서 사실주의의 등장이었다. 귀스타브 쿠르베의 1849년
그림인 '돌 깨는 사람들'은 사실주의 회화의 내용과 형식을 잘 보여
주고 있다. 이제 무명의 노동자가 예술의 주인공으로 등장한다. 쿠
르베는 그들의 일하는 모습을 이상화하지 않고 있는 그대로 충실히
묘사하였다. 그러나 사실주의 회화는 가시적 외면을 사진 찍듯이 모
사하는 자연주의와는 달리, 그것을 설명적으로 재현함으로서 관중들
에게 현실에 대한 인식과 통찰을 제공한다. 쿠르베는 두 사람이 신
체적으로나 경제적으로 어려움에 처해 있음을 암시하고 있다. 그림
의 내용과 연계시켜서 쿠르베는 형식에서도 거친 붓놀림의 흔적을
그대로 남기고 있다.

에두아르 마네의 '올랭피아' 1863년

인상주의의 대두에 앞서 고전미술의 붕괴에 결정적 역할을 한 사람들 중에서 반드시 언급되어야만 할 또 한 사람은 에두아르 마네이다. 에두아르 마네는 사실주의와 인상주의의 가교 역할을 한 사람이라고 볼 수 있다. 커다란 파문을 일으킨 마네의 1863년 작품 '올랭피아'는 사실주의를 넘어서는 새로운 회화의 일면을 보여주고 있다. 고전미술에서도 나체를 그리지 않은 것은 아니었지만, 그것은 여신의 누드였으며, 신체는 명암을 주어 볼륨감 있고 아름답게 묘사하였다. 마네는 여인의 포즈와 시선을 처리한 방법 그리고 하녀와 고양이 및 주위의 몇 가지 요소들을 통하여 그녀가 고급 창녀임을 보여 주고 있다. 이 그림에서 마네의 현대성을 더 잘 보여 주는 것은 인물들의 신체가 입체라기보다는 평면에 가깝게 묘사되어 있다는 것이다. '피리 부는 소년' 등 다른 그림들에서도 마네는 고전미술에서 공간을 묘사하기 위해 사용되었던 그림자, 입체감, 공간의 깊이를 완전히 무시하였다. 캔버스가 사물을 바라보는 창문이 아니라 색으로 덮인 2차원의 평면이라는 생각은 마네에서 시작된다.

클로드 모네의 '인상. 해돋이' 1872년

1648년에 창립된 프랑스 아카데미는 루이 14세 치하에서 정부의 통제 하에 들어갔다. 아카데미의 진부하고 경직된 기준으로 말미암아 젊은 화가들이 그린 새로운 스타일의 회화는 살롱의 심사를 통과할 수 없었다. 아카데미의 구태의연함과 전횡에 맞서 일군의 젊은 미술가들이, 살롱에 그들의 작품을 출품하는 대신, 그들이 스스로 조직한 단체의 첫 번째 미술전을 1874년 파리에서 개최하였다. 이 전시회에는 모네, 르누아르, 피사로, 세잔을 포함한 29명의 화가들이 165점의 그림을 출품하였다. 그러나 평론가들은 혹독한 비평을 가하거나 혹은 전시회를 진지하게 취급하지도 않았다. 한 잡지에 실린 '인상주의자들의 전시회'라는 제목의 기사는 출품된 작품들이 벽지 문양을 위한 밑그림보다 못한 것들이라고 조롱하였다. 인상주의라는 말은 클로드 모네가 이 전시회에 출품한 한 작품의 제목 '인상, 해돋이'에서 따온 것이었다. 조롱과 비꼬는 목적으로 사용된 말이었지만 전시회를 주최한 화가들은 인상주의라는 용어를 오히려 자기들의 것으로 받아들이었다.

인상주의, 그림을 밝히다

고전미술에서는 각각의 대상이 그림 속에서 일정한 형태와 색깔을 가지고 있다고 여겨졌다. 익은 사과는 붉은색, 하늘은 푸른색, 사람의 얼굴은 살색 등이다. 그러나 인상주의화가들은 자연을 볼 때 각 대상들이 그들 고유한 색깔을 가진 것이 아니라 상황에 따라 우리 눈에는 훨씬 더 다양한 다른 색으로 보이며 특히 옥외에서는 더 밝은 여러 가지 색으로 보인다는 것이었다. 그들은 그림자를 흑색이나 흑갈색으로 칠하던 전통의 방식도 거부했다. 실제로 그림자가 그렇게 어두운 색채만은 아니라는 것을 인상주의화가들은 관찰하고 재현했다. 따라서 인상주의화가들의 작품은 전체적으로 더 밝아졌고 캔버스는 화려한 색채들의 향연을 연출해냈다. 인상주의화가들은 시시각각으로 변화하는 빛을 좇아서 야외로 나갔다. 햇빛과 바람과 구름이 만들어내는 변화나 바람이 수면에 파장을 일으킬 때의 변화의 순간적 양상을 놓치지 않으려 하였다. 유동적인 인상을 확고히 포착하기 위하여 인상주의화가들은 대상을 단순화 시켜 세부적 묘사를 줄이고 신속한 스케치 후에 빠른 붓질로 캔버스를 칠해 나가야했다. 형태의 탐구보다는 색채의 효과에 더 주목하게 됨으로써 대상을 재현하는 것보다는 지각을 표현하는 데 더 관심을 가졌다. 이는 사물을 보는 방식에 대한 하나의 혁명이라 할 수 있을 것이다.

카미유 피사로의 '밤의 몽마르트 대로' 1897년

카미유 피사로가 밤의 정경을 묘사한 1897년의 '밤의 몽마르트 대로'는 인상주의 회화 중에서 걸작이라 할만하다. 그림은 가로등과 아파트 및 카페와 행인과 자동차를 포함하고 있지만 그 형체를 명확히 구분하기 힘들다. 피사로는 이 그림에서 낮의 태양 대신에 밤의 인공 조명에 의한 빛의 효과를 잘 보여주고 있다. 가게와 카페에서 나오는 밝은 오렌지 빛, 늘어선 자동차의 옅은 노란색 빛, 흰 색조의 가로등 빛이 비가 내린 후 젖은 거리를 비추고 있다. 비에 젖은 거리는 번쩍거리고, 대상들은 빛에 녹아 흐물거리듯 빛과 하나가 되고 있다.

인상주의화가들은 태양빛의 변화하는 효과를 표현하여 때로는 시간 흐름을 묘사하려고도 시도하였다. 클로드 모네는 1916년 작품 '수련'에서 실바람이 스쳐 지나가면서 연못 위에 연출하는 변화무쌍한 시간의 인상을 화면에 집약하려고 하였다. 모네는 1897년부터 1926년까지 수많은 '수련'을 그렸고 이 작품은 그중의 하나이다.

클로드 모네의 '수련' 1916년

인상주의 운동은 1886년 8차 전시회를 끝으로 종결되었으나, 그동안 이들 인상주의화가들은 상당한 성공을 거두었고 아카데미가 주관하던 살롱도 새로운 변화를 거부할 수 없었다. 프랑스의 인상주의는 1860년대에 등장하여 대중과 미술계의 냉대와 혹평에 시달렸지만 1880년대 후반에는 파리 미술계를 선도하는 미술양식으로 자리매김하였으며, 20세기 초반에 이르러서는 세계 각국으로 퍼져나가 국제적 양식으로 보편화되었다. 위대한 인상주의 혁명의 성공 배경에는 여러 가지 사건과 상황이 혼재한다. 인상주의 운동을 촉발시킨 직접적인 요인은 그 당시의 파리 미술계의 경직되고 진부한 관행이었지만, 프랑스의 정치적 사회적 상황도 간접적 요인이 되었다. 또한 찬란하고 밝은 색깔의 합성안료 없이 색채와 빛의 향연인 인상주의 회화를 생각할 수는 없다. 화학혁명에 뒤이어 합성된 여러 가지 새로운 안료의 출현은 인상주의 화가들에게 영감을 주는 시의적절한 것이었다.

인상주의 화가들이 독립적인 전시회를 시작한 1870년대 초의 프랑스 파리는 사회적으로도 혁명의 소용돌이에 휩싸여 있었다. 1870년 7월 시작된 프랑스-프러시아 전쟁에서 참패하여 굴욕적 강화조약을 체결하려는 무능한 정부에 대항하여 파리 시민들은 항전의 의지를 가지고 반대하며 시민들의 자치 기구인 파리코뮌이 성립했다. 그러나 약 3개월간의 민중에 의한 파리의 자치적인 통치는 독일 영국 등의 지원을 받은 프랑스 정부군에 의해 비참하게 진압되었고 수만 명이 죽거나 처형되었다. 인상주의화가들은 이 참극의 와중에서도 대부분 무사하였지만 당시의 전쟁과 혁명과 비극을 그들의 그림에 담지는 않았다. 그러나 그 사건들은 화가들의 기억 속에 남았을 것이다. 1872년 에밀 졸라는 이를 다음과 같이 진단하고 예언하였다: "사회적 재난 후에는 사람들이 추구했던 허구적 토대는 무너지고 좀 더 견고한 바탕을 구하게 된다. 인정받지 못했던 사람들, 최근의 자연주의자들이 이제 전면에 나서서 예술의 과학적 운동을 이끌 것이다."

새로운 안료의 사용

안료를 담아 야외에서 편리하게 쓸 수 있도록 한 금속 물감 튜브의 발명이 없었다면 야외에서 바로 채색하는 인상주의 회화가 불가능했을지도 모른다. 그러나 또 다른 혁명이 과학 분야에서 없었다면 인상주의화가들에 의한 회화의 혁명이 어려움을 겪었을 것이다. 근대 화학의 아버지라 불리는 프랑스의 앙투안로랑 드 라부아지에 이래로 18세기 말과 19세기 초 프랑스와 유럽에서 일어난 화학혁명은 물질과 물질의 변환에 대한 우리의 생각을 근본적으로 바꾸었다. 화학혁명에서 발견되고 확인된 수많은 원소들과 화학반응들에 근거하여 1800년에서 1870년 사이에 강렬한 색채의 새로운 수십 가지 합성안료들이 등장하였다. 새로운 안료들은 인상주의화가들이 그들의 인상을 휘황한 색깔로 화폭위로 옮겨 놓는 것을 가능하게 해 주었다. 인상주의화가들의 그림에서 확인된 20가지의 주된 색채 중에서 12가지가 그 당시에 새로이 합성된 안료에 의한 것이었다. 보수적인 일부 화가들은 새로 나온 합성안료들의 사용을 주저하였으나 다수의 인상주의 화가들은 전통적으로 사용하여 오던 안료 대신에 새로운 합성안료를 과감히 사용하기 시작하였다. 크롬이나 카드뮴이나 코발트 성분의 새로운 노란색과 적색과 청색 안료는 인상주의 회화에서 보는 강렬한 색채의 근원이 되었다.

프랑스의 화학자 니콜라 루이 보클랭은 시베리아에서 발견된 밝은 적색 결정의 홍연광을 연구하는 과정에서 크롬(Cr) 원소를 발견하였으며, 이 원소의 화합물들이 강렬한 색깔을 띠었으므로 원소의 이름을 '색깔'이라는 의미의 그리스어 'chrōma'를 따라서 크롬이라고 명명하였다. 보클랭은 홍연광의 주성분이 크롬산납(II)(PbCrO$_4$)임을 알아낸 후, 1804년에는 화려한 노란색의 순수한 크롬산납(II)를 실험실에서 직접 합성하였다. 크롬산납(II)를 어떻게 합성하느냐에 따라 그 색조를 여러 가지로 조절할 수 있었다. 산성 용액에서 합성한 크롬산납(II)는 짙은 노란색을 띠었으며, 이를 크롬옐로라고 불렀고 화가들이 매우 선호하는 안료가 되었다. 크롬산납(II)를 염기성 용액에서 합성하면 적황색을 띤 안료 크롬오렌지를 얻을 수 있었다. 또한 크롬산납(II)와 다른 무기염을 함께 침전시켜서 레몬색의 레몬옐로 안료를 만들 수 있었다.

오귀스트 르누아르의 '작은 배' 1875년

피에르-오귀스트 르누아르는 1875년 작품 '작은 배'에서 배의 가장자리는 순수한 크롬오렌지로 칠했으며 배의 측면은 크롬옐로와 1830년경에 합성된 스트론튬옐로로 채색하였다. 스트론튬옐로도 크롬을 포함하는 안료로서 그 성분은 크롬산스트론튬이다. 크롬옐로에 비해 스트론튬옐로는 차갑고 옅은 노란색이다.

크롬 안료들 중 일부는 유화에 사용하기 위해 기름과 섞으면 색깔이 달라지거나, 시간이 지나면서 색깔이 서서히 변화한다. 예를 들면 크롬옐로는 흉내 낼 수 없는 찬란한 짙은 노란색을 띠지만, 화가들이 작품을 완성한 후 시간이 지나면 공기 중에서 산화되어 색이 짙어져 황갈색으로 변하는 단점이 있다. 인상주의 화가는 아니지만, 빈센트 반 고흐는 크롬옐로를 사용하여 1880년대에 위대한 '해바라기' 작품들을 여러 편 완성할 수 있었다. 고흐가 크롬옐로를 사용하여 '해바라기'를 그렸을 당시 그 노란색은 아마도 지금의 '해바라기'가 보여주는 갈색조의 노란색보다 더 밝은 색이었을 것이다. 어떤 사람들은 이 같은 색깔의 변화가 오히려 반 고흐의 '해바라기'를 더욱 신비롭게 만들었다고 주장한다.

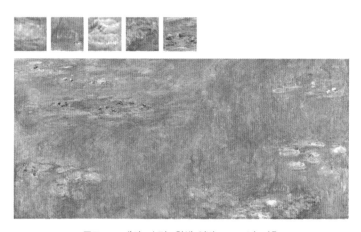

클로드 모네의 '수련, 황색 열반' 1916년 이후

아연 제련과정에서 1817년 카드뮴(Cd)이 발견, 확인되었고, 그 후 강력한 노란색 안료인 카드뮴옐로가 등장하였다. 카드뮴옐로의 성분은 황화카드뮴(CdS)이며, 여기에 셀레늄(Se)을 넣고 가열하면 일부 황화카드뮴이 셀렌화카드뮴($CdSe$)으로 변해서 황화카드뮴과 셀렌화카드뮴의 혼합물이 생긴다. 황화카드뮴과 셀렌화카드뮴의 비율에 따라 오렌지색의 카드뮴오렌지 또는 붉은색의 카드뮴레드가 생성된다. 클로드 모네는 약 250편의 '수련'을 제작하였다. 앞의 녹색과 청색이 주류를 이루는 1916년의 '수련'과 달리 노란색과 오렌지색이 주로 사용된 '수련, 황색 열반'에서 클로드 모네는 카드뮴옐로를 광범위하게 사용하였다. 이 그림에서 카드뮴옐로 자체 또는 흰색이나 녹색 안료들과 혼합된 카드뮴옐로가 사용되었다. '수련, 황색 열반'에서 왼쪽에 있는 여러 개의 진한 붉은색은 버밀리언(진사)이지만 그 외의 적색 계통의 색은 카드뮴오렌지에 의한 것이다.

흰색 안료인 아연백도 인상주의화가들이 많이 사용한 안료 중 하나였다. 흰색 자체를 표현하기 위해서만이 아니라 다른 색깔들을 연하게 만들 때도 많이 사용되었다. 화가들이 사용한 아연백은 합성한 것이었지만, 자연에서 홍아연광으로 산출되었기 때문에 아연백은 인류가 오래전부터 상처치료용 연고나 안료로 사용하였다. 아연백의 성분인 산화아연(ZnO)은 순수한 흰색 고체이지만, 자연에서 산출되는 홍아연광에는 망간이나 다른 불순물들이 섞여 있어서 황색이나 적색을 띄기 때문에 그 이름에 '홍(붉은)'이 포함되었다. 1746년에 원소로서 아연(Zn)이 분리, 확인되었고 정확한 성질이 밝혀졌다. 그 후 아연백을 합성하는 방법이 정립되었으며 1845년에는 대량 생산이 가능해졌다. 아연백의 등장은 화가들에게 새로운 안료를 제공했다는 점보다도 더 중요한 사회적 의미가 있었다. 유럽에서는 그 당시 건물의 내부 벽에 흰색 안료인 연백을 많이 사용하였는데 납이 주성분인 연백의 독성으로 주민들의 건강이 위협받고 있다는 것이 알려졌다. 프랑스 정부는 연백의 대체 물질로 아연백을 지목하고 그것의 합성 연구에 대대적 지원을 했다. 1845년에는 가격과 일부 다른 문제를 해결하여 아연백의 대량생산 방법이 고안되었고, 아연백의 대량생산이 궤도에 오른 1909년에 프랑스 정부는 연백을 건물에 사용하는 것을 금지했다. 앞의 르누아르의 '작은 배'와 모네의 '수련, 황색 열반'에서도 아연백이 흰색으로 사용되거나 다른 색을 연하게 하는 데 많이 사용되었다.

푸른색의 재발견

인상주의화가들이 청색 안료로 가장 많이 사용한 것 중 하나는 코발트블루였다. 앞의 그림 '작은 배'에서 르누아르는 강물의 푸른색을 표현하기 위해 코발트블루 자체 또는 코발트블루와 아연백의 혼합 안료를 사용하였다. '수련, 황색 열반'에서 모네는 가끔씩 보이는 청색을 위해 코발트블루와 울트라마린 안료를 사용하였다. 코발트블루는 우리 문화재에도 사용되었던 안료로서 조선시대에 제작된 청화백자에 특히 많이 사용되었다. 조선에서는 페르시아가 원산지인 이 안료를 회회청이라 불렀고 중국을 통해 수입하였다. 조선 문화의 황금기인 진경시대인 18세기 전반의 국보 제258호 '백자 청화죽문 각병' 및 18세기 중반의 국보 제263호 '백자 청화산수화조문 항아리' 등 최고의 청화백자들이 코발트블루를 사용하여 제작되었다.

인상주의 화가들이 사용한 코발트블루는 자연산 안료가 아닌 합성안료였다. 1802년에 프랑스 화학자 루이 자크 테나르가 산화코발트와 산화알루미늄을 높은 압력 하에서 1200도로 가열하여 매우 안정한 알루미늄산코발트(II)[$CoAl_2O_4$] 즉 순수한 코발트블루를 합성하였으며, 상업적 생산은 1807년 프랑스에서 시작되었다. 코발트블루 안료가 사용된 가장 유명한 인상주의 회화 중 하나는 아마도 피에르-오귀스트 르누아르의 '우산'일 것이다. 비가 잦아들면서 우산을 쓴 사람들과 일부 쓰지 않은 사람들이 멋진 옷을 차려 입고 파리의 복잡한 거리를 걸어가는 모습이 담겨 있다.

과학자들이 이 그림의 안료들을 여러 가지 첨단 기자재로 분석한 결과 그림의 일부에서는 첫 번째 안료를 칠해 마르고 난 후 그 위에 두 번째 안료가 또 칠해졌다는 사실을 알아냈다. 1881년에 르누아르는 왼쪽의 바구니를 든 여인, 오른쪽에 우산을 쓴 여인 그리고 맨 오른쪽의 여자 아이 등 세 사람의 옷을 코발트블루에 노란색 안료 및 적자색 안료가 섞인 혼합 안료로 칠하였다. 같은

오귀스트 르누아르의 '우산' 1886년

해인 1881년 르누아르는 첫 번째 층에서 사용한 것과 동일한 안료를 사용하여 왼쪽의 바구니를 든 여인과 오른쪽 여자 아이의 옷의 첫 번째 층위에 두 번째 층을 칠하였다. 그리고 4년이 지난 1885년에는 오른쪽에 우산을 쓴 여인의 옷의 두 번째 층을 또 다른 청색 안료인 합성 울트라마린을 다른 것들과 섞어서 칠하였다. 천연 울트라마린은 수천 년 전부터 사용되었으며 르네상스 시대에는 화가들에게 가장 인기 있고 값비싼 청색 안료였다. 1826년에 처음 나온 합성 울트라마린은 천연 울트라마린보다 입자가 더 작고 더 균일하기 때문에 청색이 훨씬 더 선명할 뿐만 아니라 값이 훨씬 저렴해서 인상주의 화가들이 즐겨 사용한 안료였다. 다른 청색 안료들은 코발트나 크롬이나 구리와 같은 금속 원소들이 청색 형성에 중요한 역할을 하지만, 울트라마린은 삼 원자 황의 라디칼 음이온에 의해 청색을 보여주는 독특한 안료이다. 르누아르는 청색 우산들을 대부분 합성 울트라마린으로 칠했다.

또 다른 청색 안료인 세루리안블루는 1789년에 스위스에서 처음 만들었고 독일에서 소량 생산된 후 영국에서 1860년에 처음 상용화되었다. 세루리안블루의 성분은 주석산코발트로서 녹색조나 보라색조가 없는 강하지 않은 청색 안료이다. 세루리안블루를 사용한 클로드 모네의 '생-라자르역'은 1877년 세 번째 인상주의 전시회에 출품되었을 때 일부 비평가들에 의해 불성실한 작품이라고 폄하되었으나, 현재는 인상주의 회화의 대표적 작품 중 하나로 평가 받고 있다. 모네는 생-라자르역 그림을 12편이나 그렸다. 그것들은 세계 여러 나라에 소장되어 있으며 파리의 오르세 미술관에 소장되어 있는 것이 대표적이다.

클로드 모네 '생-라자르역' 1877년, 오르세 미술관

    오르세 미술관에 소장되어 있는 '생-라자르역'에서 모네는 기관차로부터 피어오르는 수증기에 유리 지붕을 통하여 흘러 들어오는 독특한 빛의 효과를 보여 주기 위해 여러 가지 종류의 안료를 혼합하여 사용하였다. 기관차로부터 분출되는 푸르스름한 수증기와 연기에는 주로 세루리안블루와 코발트블루에 약간의 연백 및 녹색 안료 그리고 아주 적은 양의 합성 울트라마린과 적색 안료를 섞어 사용하였다. 지붕의 맨 앞 오른쪽 어두운 녹청색 그늘 부분은 주로 세루리안블루와 코발트블루에다 적은 양의 합성 울트라마린과 녹색 안료 및 매우 적은 양의 적색 안료와 흑색 아이보리블랙 및 연백을 섞어서 칠하였다. 지붕의 맨 앞 왼쪽 그늘 부분은 오른쪽 그늘 부분

과 같은 종류의 안료들을 사용하되 적색 안료를 청색 안료들보다 더 많이 사용하여 짙은 자주색으로 보이게 하였다. 우측 상단 지붕의 적갈색은 주로 적색 버밀리언에 적은 양의 세루리안블루와 코발트블루 및 녹색 안료를 첨가하고 극히 소량의 크롬옐로까지 섞은 혼합 안료로 칠한 것이다.

인상주의화가들은 위에서 언급한 안료들 외에도 새로 출현한 녹색의 에메랄드그린과 비리디언을 애용하였다. 밝고 선명한 녹색의 에메랄드그린은 1800년대 초반 독일에서 처음 아비산소듐과 아세트산구리(II)를 반응시켜 합성한 아세토-아비산구리이다. 비소가 포함된 에메랄드그린의 인체 독성이 1860년대에 확실히 밝혀져서 공업적 인쇄에는 사용이 중지되고 비리디언으로 대체되었다. 그러나 인상주의 화가들과 그 이후의 화가들은 비리디언과 함께 에메랄드그린을 소량씩 계속 사용하였다. 현재 판매되는 에메랄드그린은 독성이 없는 다른 화합물이므로 안심하고 안전하게 사용할 수 있다. 비리디언은 에메랄드그린보다 푸른색이 좀 더 포함 되어 있어서 더 진한 녹색으로 보인다. 비리디언은 크롬계 안료로서 성분은 수화산화크롬(III)($Cr_2O_3 \cdot nH_2O$)이다. 1838년에 파리에서 만들기 시작했으나 제조법을 비밀로 하다가 1859년에 특허를 내고 제대로 생산을 시작했다.

베르트 모리조 '여름날' 1879년

인상주의 운동에 참여했던 3명의 여성 중 한명이었던 베르트 모리조는 그녀의 1879년 작품 '여름날'에서 녹색 나뭇잎과 나뭇잎이 비친 녹색 강물 및 강둑을 비리디언과 에메랄드그린을 주로 사용하여 연백과 카드뮴옐로 혹은 크롬옐로를 섞은 혼합 안료로 칠하였다. 왼쪽 여인의 짙은 청색 코트는 세루리안블루에 백색 및 흑색 안료를 섞어서 칠한 후 그 위에 다시 코발트블루와 울트라마린의 혼합 안료로 칠하였다.

인상주의 회화는 형태의 탐구보다는 색채 효과에 더 주목했으며, 어떤 경우에는 거의 대상이 사라진 색채의 유희를 보여줌으로써 추상회화의 등장을 암시한다. 인상주의는 후기인상주의를 거쳐 표현주의와 야수주의와 입체파 회화에 직접적인 영향을 끼쳤고 현대회화의 태동을 촉발한 출발점이었다. 후기인상주의 화가들 중에 가장 중요한 사람들로 폴 세잔, 폴 고갱, 빈센트 반 고흐를 들 수 있다. 폴 세잔은 인상주의와 입체파를 연결하는 다리 역할을 하였다. 앙리 마티스와 파블로 피카소는 "세잔은 우리 모두의 아버지다."라고 했다. 폴 고갱도 마티스와 피카소에게 영향을 끼쳤다. 고갱은 특히 대담한 원색들을 실험적으로 그의 회화에 도입하였으며 원시주의 회화 태동의 길을 닦았다. 빈센트 반 고흐는 그가 사용한 색깔의 강렬함, 색깔 사용의 과감함, 색을 칠할 때의 격렬함에서 인상주의자 및 당대 화가들의 상상을 초월하였다. 인상주의화가들의 시각적 인상이 아니라 반 고흐는 더욱 임의적 색채를 사용하여 색채를 표현적 요소로 취급함으로써 표현주의 회화의 길을 열었다.

참고문헌

곰브리치, E. H. "서양미술사" 16th Ed., 예경, 서울, 2012.
뒤히팅, 하요 "어떻게 이해할까? 인상주의" 미술문화, 서울, 2007.
루빈, J. H. "인상주의" 한길아트, 서울, 2001.
리월드, 존 "인상주의의 역사" 까치, 서울, 2006.
리월드, 존 "후기인상주의의 역사: 반 고흐에서 고갱까지" 까치, 서울, 2006.
오병남; 민형원; 김광명 "인상주의 연구" 예전사, 서울, 1999.
잰슨, H. W.; 잰슨, A. F. "서양미술사: History of Art for Young People" 44th Ed., 미진사, 서울, 2013.
진중권 "진중권의 서양미술사, 인상주의 편" 휴머니스터 출판그룹, 서울, 2018.
톰슨, 빌란다 "후기인상주의" 열화당, 파주, 2003.
홍석기 "인상주의: 모더니티의 정치사회학" 생각의 나무, 서울, 2010.

Ball, Philip "Bright Earth: Art and Invention of Color" The University of Chicago Press, Chicago, 2001.
Roy, A. "The Palettes of Three Impressionist Paintings" *National Gallery Technical Bulletin* 1985, *9*, 12-20.
Roy, A. "Monet's Palette in the Twentieth Century: Water-Lilies and Irises" *National Gallery Technical Bulletin* 2007, *28*, 58-68.
Roy, A. et al. "Renoir's Umbrellas Unfurled Again" *National Gallery Technical Bulletin* 2012, *33*, 73-81.

"합성 알리자린과 합성 인디고를 포함한 19세기 말에 등장한 합성염료의 다수가 독일 과학자들과 독일 회사들에 의하여 합성되고 산업화되었다. 그 당시 염료 산업은 새로운 지식과 기술이 필요한 최첨단 산업으로 이득도 가장 큰 사업이었다."

08

「색채」 산업이 되다

염료를 물 등의 용매에 녹여 섬유를 염색하면 섬유 분자의 일부 구조와 염료 분자가 결합하거나 또는 매염제를 통하여 결합하기 때문에 염색된 섬유는 세탁하여도 탈색되지 않는다. 따라서 자연계에서 염료를 구하는 것은 안료를 얻는 것보다 어려운 일이었다. 그럼에도 불구하고 고대문명에서는 수천 년 전부터 천연염료를 식물이나 동물 또는 광물들로부터 채취하여 사용해왔다. 잘 알려진 고대 천연염료로 청색의 인디고와 적자색의 티레자주색 그리고 주홍색의 알리자린을 예로 들 수 있다. 매우 비싸서 왕족이나 귀족들의 전유물이던 이들 천연염료는 수천 년 전부터 2백여 년 전까지도 거의 그대로 계속 사용되어 왔다. 19세기 중반 합성염료산업의 등장은 이같은 상황을 완전히 바꾸어 놓았으며, 합성염료산업에 관한 논의는 15세 소년이 주인공인 동화 같은 이야기에서 출발한다.

우연이 만들어낸 염료

1853년 당시 15세의 윌리엄 헨리 퍼킨은 런던의 왕립화학대학교에 입학했다. 당시 유럽 최고 화학자의 한 사람이었던 독일인 아우구스트 빌헬름 호프만 교수가 그 대학의 학장이었으며, 퍼킨은 호프만 교수의 제자가 되었다. 호프만 교수가 관심을 가졌던 야심적인 연구계획 중의 하나는 석탄에서 얻은 콜타르로부터 아닐린 유도체들을 만들고 이 유도체들로부터 말라리아 치료제인 퀴닌을 합성하는 것이었다. 호프만 교수는 우선 퍼킨에게 콜타르로부터 여러 가지 아닐린 유도체를 합성하는 연구프로젝트를 주었다.

한편 퍼킨은 집의 정원 헛간에 있던 아버지의 실험실에서도 연구를 시작했다. 퍼킨 가족에게는 화학에 재능을 갖는 DNA가 있었던 것 같다. 퍼킨의 할아버지도 지하 저장고에 개인 실험실을 지어 연구를 수행한 바 있었다. 퍼킨은 집의 실험실에서 아닐린 유도체를 산화시켜 말라리아 치료제인 퀴닌을 합성하는 실험을 수행하였다. 그러나 퍼킨의 연구는 실패의 연속이었다. 그러다 어떤 한 실험에서 실패를 암시하는 검은색의 타르 침전물을 얻었다. 퍼킨은 반응기의 바닥에 생긴 이 검은색의 끈적끈적한 고체 물질을 버리지 않고 알코올에 녹여 보았다. 이것이 합성염료산업의 시작을 알리는 중요한 순간이었으며 발견이 일어난 1856년 당시 퍼킨은 18세였다.

퍼킨과 자주색 염료+

검은색 물질을 알코올에 녹인 용액은 짙은 자주색을 띠었고 퍼킨이 실크를 이 용액에 넣었을 때 실크는 아름다운 자주색으로 염색되었으며 세탁 과정에서도 자주색은 전혀 퇴색되지 않았다. 퍼킨은 그 시료들을 스코틀랜드의 유명한 염색회사에 보내어 의견을 물었다. 비싸지 않게 대량으로 생산 할 수 있다면 대박을 칠 수 있을 것이라는 답을 받았을 때 퍼킨은 큰 용기를 얻었고 그는 결심을 굳혔다. 실험실에서의 합성과 공장 생산에 의한 상업화는 전혀 다른 문제였다. 우선 퍼킨이 해야 할 일은 아버지와 그의 동생을 설득하여 특허를 출원한 후 자금을 마련하고 공장을 세우는 일이었다. 호프만 교수의 만류에도 불구하고 퍼킨은 그의 염료 생산에 몰두하기 위해 단호히 다니던 학교를 그만 두었다.

합성 공정은 한 단계가 아니었다. 벤젠을 출발 물질로 하는 다단계 반응이었으므로 이를 효율적으로 수행하지 않으면 결코 적절

+ wellcomecollection, 'Sir William Perkin. Oil painting'
  (https://wellcomecollection.org/works/zgtkm29u)

한 값에 염료를 생산하는 것은 불가능했다. 더군다나 공장에서의 생산은 폭발, 화재, 오염, 중독 등의 위험이 따랐고 실제로 퍼킨의 공장에서도 여러 번의 폭발 사고가 있었다. 그러나 퍼킨의 젊음과 용기 그리고 화학에 대한 지식은 이 모든 어려움을 극복하는 원동력이 되었다. 1857년에 퍼킨의 자주색은 폭발적인 인기를 끌었다. 1859년이 되어서는 퍼킨의 자주색 염료와 견줄 것은 없었으며 최고의 염료이자 가장 인기 있는 염료가 되었다. 퍼킨이 시작한 최초의 합성염료산업은 큰 성공을 거두었다.

이렇듯 퍼킨의 자주색 염료는 합성염료산업의 문을 열었다. 그렇다면 그것이 최초의 합성염료일까? 염료로 사용할 목적으로 합성된 것은 아니었지만 '피크린산'을 최초의 합성염료라고 여기는 것을 틀렸다고 할 수는 없다. 피크린산은 1771년에 인디고를 질산으로 처리하였을 때 처음 얻어졌지만, 그 당시에는 그것의 화학구조식도 알지 못하는 상태였다. 1840년대에 이르러 화학구조식이 알려진 후 페놀을 질산으로 처리하여 피크린산을 합성하기 시작했다. 또한 실크를 염색하는 노란색 안료로 처음 판매된 때는 1845년이지만, 대량생산이 가능해진 때는 1849년이었다. 그러나 빛에 바래는 성질과 폭발성 때문에 1860년대부터는 염료로 사용되지 않았다. 오히려 그것의 폭발성으로 말미암아 1886년에는 프랑스 군대에서 피크린산을 포탄에 사용하기 시작했다.

다시 퍼킨의 자주색 이야기로 돌아가보자. 처음에 퍼킨은 그

의 염료를 '티레자주색'이라고 명명하여 시장에 내어 놓았으나 1859
년경에는 '모브'라고 알려지게 되었다. 지금은 '모베인'이라고 부른
다. 모브와 모베인은 무엇이며 왜 이름이 바뀌었는지 알아보자.

티레자주색은 고대 로마와 비잔틴 제국에서 가장 비싸고 귀한
염료였다. 15세기 비잔틴의 멸망 이후 티레자주색 염료의 채취와 염
색 방법도 오래 동안 역사에서 사라졌다. 그러나 그 이후에도 서양
에서 자주색 염료에 대한 요구는 식을 줄 몰랐다. 비슷한 색깔의 염
료들이 티레자주색을 대신 하거나 또는 붉은색 염료와 청색의 인디
고를 섞어서 자주색을 내기도 하였다. 독일에서 1830년대에 뱀의 배
설물에서 얻은 자주색 물질인 뮤렉사이드에 대한 연구가 진행된 바
있었으나 염료로 사용되지는 못했다. 그러다 1850년대에 이르러 페
루 등 남미의 바닷가에 대량으로 존재하는 구아노(바닷새의 축적된
배설물이 바위에 쌓여서 화석화한 덩어리)를 수입하여 요산을 추출
하고 요산으로 부터 뮤렉사이드를 합성하는 방법을 프랑스에서 정
립하였다.

뮤렉사이드+

뮤렉사이드는 퍼킨의 자주
색 염료보다 먼저 등장한 자주색
합성염료이다. 프랑스, 영국, 독일
에서는 이 방법으로 자주색 염료
를 합성하여 판매하였으나 곧 판
매 이익의 부족과 염색 색깔의 일

정하지 못한 문제에 부딪쳤다. 이때 또 다른 자주색 염료인 모브가 등장했다. 모브는 이끼의 일종인 지의류에서 추출한 천연염료로서 프랑스자주색이라고도 불리었다. 모브는 실크의 염색만이 아니라 면직을 염색하는 방법도 개발되어 그 당시 대단한 인기를 끌었다. 퍼킨의 자주색 염료를 한 동안 모브라고 부를 수 있었던 것도 모브라는 말이 특정 염료를 지칭하는 것이 아니었기 때문이다. 모브라는 말은 자주색 꽃을 피우는 식물인 당아욱의 프랑스어이다.

모브(당아욱)+

어찌되었든 퍼킨의 모브는 뮤렉사이드나 프랑스자주색 모브만이 아니라 다른 합성 자주색 염료들을 무력화 시키고 그 당시 유럽 시장을 지배하는 자주색 염료가 되었다. 프랑스와 영국 왕실에서도 퍼킨의 모브로 염색한 자주색 옷을 입어 모브의 유행을 주도하였다. 퍼킨의 모브는 한동안 계속된 '모브의 시대'를 열었다. 근래에는 퍼킨의 자주색 염료를 모브라 하지 않고 모베인 또는 퍼킨의 모브라고 부른다. 퍼킨이 합성한 자주색 염료 모베인은 여러 가지 분자들의 혼합물로 알려졌으며, 최근까지의 연구결과에 의하면 모베인에는 적어도 12가지의 화합물이 포함되어 있는 것으로 확인되었다.

합성염료의 시대가 열리다

퍼킨의 1856년 모베인의 대단한 성공 이후에 아닐린 유도체로부터 수많은 아닐린계 염료들이 합성되었다. 1859년에는 아닐린적색이라고도 불린 자홍색 염료인 푹신이 합성되었고, 1860년에는 아닐린청색도 합성되었다. 퍼킨을 지도했던 호프만 교수는 1863년에 자주색 염료인 아닐린보라를 합성하였으며 이 염료는 퍼킨의 자주색에 대항하는 강력한 경쟁 염료가 되었다. 퍼킨의 모베인은 아닐린 유도체로부터 퀴닌을 합성하려다가 우연히 발견한 합성염료이다. 그 뒤를 이은 수많은 아닐린계 염료도 아닐린이나 아닐린 유도체에 이런 저런 화합물과 시약을 섞어 만들어낸 경험과 우연에 기초한 산물들이었다.

호프만 교수도 그 당시의 염료 연구에 관여 하였지만, 그는 화학의 학문적 기초연구의 주창자였다. 그는 물질의 외형적 존재 기저에 있는 물리적 화학적 기본 원리의 탐구가 우선하여야 한다고 믿었고, 따라서 염료에 대한 화학적인 기초연구가 필요하다고 생각했다. 염료의 합성이 결국에는 시행착오가 아닌 엄밀한 이론과 추론에 근거한 정확한 과학에 의해 수행되리라는 것을 예언한 것이다. 이 예언의 실현은 오직 기초 유기화학의 비약적 발전에 의해서만 가능했으며 실제로 호프만이 살던 시대에는 그러한 학문의 도약이 일어나고 있었다.

1860년대와 1880년대 사이에 등장한 독일의 화학자 프레드리히 아우구스트 케쿨레를 비롯한 위대한 유기화학자들에 의한 이론의 정립과 정교한 실험 결과는 유기화학의 눈부신 도약을 이끌었다. 이제 유기화합물의 정확한 화학구조식의 규명이 가능해졌으며 여러 가지 유기화학 반응 또한 알려지기 시작했다. 그러므로 목표 화합물을 간단한 출발 물질로부터 체계적으로 합성할 수 있으리라는 기대는 불가능한 꿈이 아니었다. 염료의 색깔을 내는 유기화합물의 화학구조식을 알면 값싼 원료로부터 염료를 실험실에서 합성할 수 있으리라는 생각도 할 수 있게 되었다. 이 같은 기대에 완벽하게 들어맞은 최초의 예로서 또한 유기화학과 유기합성의 힘을 극적으로 보여준 사건이 적자색 염료인 알리자린(alizalin)의 체계적 합성과 산업화이다.

알리자린은 인도, 이집트, 중앙아시아, 극동 지역의 고대문명에서 재배한 꼭두서니의 뿌리에서 추출한 진홍색 염료로서 그 사용은 기원전 1500년경 까지 거슬러 올라간다. 기원전 14세기에 축조된 이집트 파라오 투탕카멘의 무덤에서도 알리자린으로 염색된 천이 발견된바 있다. 십자군원정 후에는 유럽에서도 알리자린을 쉽게 구할 수 있게 되

꼭두서니

었다. 특히 중세 프랑스와 이탈리아에서는 꼭두서니를 많이 재배했다. 1820년에는 프랑스의 화학자들이 꼭두서니의 뿌리에서 진홍색

염료의 주성분을 분리, 확인하고 알리자린이라고 불렀다. 알리자린 이라는 이름은 꼭두서니의 아랍어 '알리자리(alizari)'에서 유래한 것 이다. 1850년에는 알리자린의 화학구조식이 알려졌으나, 잘못된 구 조식으로 말미암아 여러 사람들의 합성 노력이 의미 없는 것이 되었 다. 1868년이 되어서야 독일의 칼 그라베와 칼 리베르만이 알리자린 의 정확한 화학구조식을 밝혔고, 곧 이어 같은 해에 석탄에서 얻은 안트라센으로부터 3단계 합성과정을 거쳐 알리자린을 최초로 합성 하는 데 성공하였다.

알리자린 염료

독일 회사 바스프와 함께 일했던 그라베와 리베르만은 알리자 린의 공업적 생산을 위해 그 특허를 바스프에 판매하였다. 알리자린 의 시장이 워낙 컸기 때문에 실험실 합성법을 개선하여 싸고 편리한 대량 생산 방법을 고안하는 연구에 당연히 수많은 회사들이 뛰어들 었다. 시간을 다투는 대단한 경쟁이었고 연구팀 3곳에서 동일한 방법으로 거의 동시에 공업적 합성법의 특허를 제출했다. 3개의 연구 팀은 바스프의 그라베와 리베르만 및 독일 회사 훽스트의 카로 그리고 영국의 윌리엄 헨리 퍼킨이었다. 바스프와 훽스트 및 퍼킨이 1869년 거의 동시에 특허를 출원했다. 그들은 특허권 분쟁의 재판대신에 바스프와 훽스트는 유럽 대륙의 판매권을 가지고 영국의 판매권은 퍼킨이 가지기로 타협했다.

합성 알리자린은 약간의 불순물을 포함한 천연 알리자린보다 더 진하고 밝은 색깔을 보여 주었고 값도 훨씬 저렴했다. 천연 알리자린은 시장에서 바로 퇴출되었고 알리자린 재배 농업은 순식간에 사라졌다. 모베인으로 성공을 거두었지만 그 후 재정적으로 파산 직전까지 갔던 퍼킨의 회사는 알리자린 덕분에 다시 건전한 회사로 탈바꿈할 수 있었다. 특히 1870년 중반에 시작되어 거의 일 년 간 지속된 프랑스-프러시아전쟁으로 말미암아 퍼킨의 회사는 알리자린을 한 동안 유럽 대륙에도 팔 수 있었으므로 그 수익은 어마어마했다.

거부가 된 퍼킨은 1873년 35세의 나이에 회사를 팔고 은퇴하여 여행과 강연과 연구로 그의 나머지 생을 보냈다. 알리자린 합성은 단순히 상업적 의미를 뛰어 넘어 유기화학의 기초연구 즉 화학에서의 기본 원리와 이론의 중요성을 극명히 보여 주는 사건이었다. 퍼킨의 모베인이나 유사한 아닐린계 염료들은 반복된 시행착오에 의해 우연히 발견된 것들이었으나, 알리자린의 합성은 화학자의 이론적 지식에 근거한 합리적 계획과 추론으로 탄생했다. 쉽게 구할 수 있는 원료로부터 체계적으로 계획된 합성과정을 수행하여 복잡한 유기화합물을 만들어낸 성공이었다.

퍼킨의 모베인은 아닐린계 염료이며 알리자린은 안트라퀴논계 염료이다. 19세기 후반에 등장한 또 다른 종류의 중요 염료 중 하나는 아조(계) 염료이다. 최초의 아조 염료인 밝은 노란색의 아닐린옐로가 1863년에 산업화된 이후 많은 아조 염료들이 합성되었다. 아닐린옐로는 아닐린이라는 단어가 포함되어 있지만 아닐린계 염료가 아니라 아조(계) 염료이다. 독일의 화학자 오토 비트는 아조 염료들의 화학구조식과 색깔의 관계를 면밀히 연구하여, 어떤 구조식을 가진 아조 염료가 어떤 색깔을 보여 주게 될지 예측할 수 있게 되었다. 그의 연구결과에 근거하여 오토 비트는 1876년 합성하기 전에 미리 오렌지색을 보여 줄 것으로 예측되는 아조 염료의 화학구조식을 설계하였고 실제로 목표한 화학구조식의 오렌지색 아조 염료를 성공적으로 합성해 낼 수 있었다. 이는 기초 화학의 예지력을 보여주는 초기 연구 중의 하나였다.

부를 향한 연구

합성염료가 천연염료를 시장에서 몰아내고 있었지만, 끝까지 합성염료에 밀리지 않고 버틴 천연염료는 푸른색 염료 인디고였다. 천연 인디고는 1880년대에도 가장 많이 생산된 염료 중 하나였다.

막대한 양의 천연 인디고가 군복 염색에 사용되었고, 식민지 인도에서 인디고를 대규모로 경작하던 영국이 천연 인디고 시장을 주도하고 있었다. 1860년대 중반부터 인디고의 화학구조식에 대한 연구를 해왔던 독일의 아돌프 폰 베이어는 1877년과 1882년에 인디고의 합성법들을 보고하였다. 인디고를 합성하는 과정에서 베이어는 그때까지 알려지지 않았던 새로운 화학반응을 찾아내어 반응 단계를 여러 단계 줄여서 전체 합성과정을 효율적으로 만들었다. 필요는 발명의 어머니라고 했듯이, 인디고를 합성하는 과정에서 베이어는 새로운 화학반응을 발견하여 유기화학의 발전에 크게 기여하였다. 이러한 업적으로 베이어는 1905년에 노벨화학상을 수상하였다.

인디고의 경제적 이득이 워낙 컸으므로 많은 다른 연구실에서도 여러 가지 합성 방법을 개발하였다. 1890년 스위스에서 인디고를 대량 생산할 수 있는 새로운 합성법이 처음으로 개발되었다. 그러나 상업적으로는 의미가 없었다. 7년이 흐른 후인 1897년이 되어서야 독일 회사 바스프가 천연 인디고와 가격 경쟁이 가능한 합성 인디고를 생산할 수 있었다. 다시 7년이 지난 후에 바스프는 드디어 합성 인디고를 천연 인디고의 반값에 생산할 수 있게 되었다. 천연 인디고 생산량은 1897년에 연간 1만 9천 톤이었던 것이 1914년에는 불과 1천 톤으로 줄어든 반면, 합성 인디고의 생산량은 거의 2만 5천 톤에 달했다. 식민지로부터 천연 인디고를 수입해서 큰 이득을 취하고 있던 영국이 가장 큰 경제적 타격을 받았다. 한때 영국과 프랑스는 독일의 합성 인디고를 금수 품목으로 지정했고, 영국은 한참동안 군복의 염색에는 천연 인디고를 강제했다. 그러나 영국도 기술의 힘과 시장의 힘 앞에 굴복할 수밖에 없었고 결국 합성 인디고를 독일로부터 수입하게 되었다.

합성 알리자린과 합성 인디고를 포함한 19세기 말에 등장한 합성염료의 다수가 독일 과학자들과 독일 회사들에 의하여 합성되고 산업화되었다. 1878년에는 독일 회사들이 세계 염료 시장의 60%를, 20세기 초에는 90%까지 점유하게 되었다. 그 당시 염료산업은 새로운 지식과 기술이 필요한 최첨단 산업으로 이득도 가장 큰 사업이었다. 영국과 프랑스가 합성염료산업에서 초기에는 앞선 것처럼 보였으나 결국 독일 회사들이 두각을 나타내게 된다.

염료산업의 부흥

세계 1차 대전이 일어나기 전까지 독일이 세계 염료시장을 거의 독점하였다. 합성염료산업을 시작했으며 산업혁명의 근원지였던 영국이나 영국과 어깨를 겨루었던 프랑스가 첨단 산업이었던 합성염료산업에서 어떤 이유로 독일에게 완벽하게 무릎을 꿇고 말았는지 살펴보는 것도 흥미 있는 일이다. 영국은 산업혁명에서 가장 앞섰던 나라였으므로 이미 존재하던 산업에 안주하여 미래 산업에 대한 안목이 부족했다. 이미 가장 경쟁력이 있던 방직산업, 기계산업, 화학원료산업에 주력하느라 영국은 염료산업의 중요성에 대한 사회적 국가적 인식이 부족했다. 합성염료산업의 원료인 콜타르를 수출하면서 그것이 가져올 파급효과를 알지 못했다. 영국은 염료산업을 위해 필요한 숙련된 화학자도 부족했으며 국가적 연구지원도 미미했다. 프랑스의 경우 원자재 부족은 1871년의 보불전쟁 패배로 더 심각해 졌으며, 물질특허는 인정했으나 공정특허를 인정하지 않은 특허 제도도 합성염료산업의 발전에 걸림돌이 되었다. 프랑스에서도 기업체 연구소에 숙련된 화학자들이 부족했다.

한편 독일은 우선 원자재가 풍부했고 산업체들이 라인강을 따라 위치하여 수송의 이점도 가지고 있었다. 더욱 중요한 강점은 독일 대학의 기초과학 연구자들과 기업체가 밀접한 유대관계를 이루어 상호 협력할 수 있었다는 점이다. 유기화합물의 화학구조식과 새로운 반응들에 관한 확고한 기초지식이 없이는 더 이상 산업체에서 새로운 복잡한 화합물을 합성하는 것이 불가능했다. 독일정부는 과학자와 교수를 우대했고 사회는 그들을 존경했으며, 1871년 독일 통일 이후 이 같은 정책과 분위기는 더욱 심화되었다. 독일의 대학교육 중 주목할 만 했던 것은 유스투스 폰 리이비히(1803—1873)가 시작한 실험실 위주의 과학교육이었다. 교수와 학생이 밀접한 관계 속에서 1주일에 6일을 하루에 12—15시간 동안 공부와 실험에 몰두했다. 리이비히는 이 같은 교육을 통해 위르겐 펠링, 아우그스트 케쿨레, 아우그스트 빌헬름 폰 호프만, 에밀 에를렌마이어 등 기라성 같은 유명한 화학자들을 제자로 길러 내었다. 또한 그 당시 독일의 베를린대학은 학기제, 세미나, 직업교육 등을 도입하여 현대 대학의 모델이 되었다.

독일의 합성염료산업을 주도한 기업체는 바스프와 횃스트와 바이엘의 3개 회사였다. 바스프는 1861년 시작된 회사를 포함한 여러 개의 작은 회사들이 합병하여 1865년에 설립되었다. 횃스트는 1863년 창립되었고 바이엘은 1862년 시작한 회사이다. 세계제1차대전 중에는 이 회사들은 폭발물, 독가스, 의약품, 비료 및 그 외 전쟁 필요 물자들을 생산하였다. 1차대전 후에는 경제 사정으로 독일 화학회사들이 횃스트를 중심으로 바이엘, 바스프, 아그파가 모여서 1916년에 거대한 카르텔인 IG 파르벤을 만들었다. 그러나 2차 대전 후 연합군에 의해 해체되어 원래의 회사들로 돌아갔다. 19세기 후반과 20세기 초반 까지도 합성염료산업이 최첨단 산업이었지만 다시 제약산업 플라스틱 제조 등 새로운 산업들이 첨단 산업으로 등장하게 된다. 이때 독일의 합성염료 회사들은 그들이 보유하고 있던 유기화학 지식을 바탕으로 앞서서 제약산업에 뛰어들어 두각을 나타내게 된다. 예를 들면 바이엘은 1897년 최초로 아스피린의 판매를 시작했다. 최초의 항생제들인 1911년의 살바르산과 1935년의 설파제가 각각 횃스트와 IG 파르벤 바이엘에서 개발되었다. 우리의 주위를 화려한 색깔로 치장하게 했던 염료 회사들은 인류를 질병에서 해방시키는 의약품을 만드는 회사로 탈바꿈하였다.

참고문헌

Balfour-Paul, J. "Indigo: Egyptian Mummies to Blue Jeans" Firefly Books, Buffalo, 2012.

Ball, Philip "Bright Earth: Art and the Invention of Color" The University of Chicago Press, 2001.

Decelles, C. "The Story of Dyes and Dyeing" *J. Chem. Ed.* 1949, *26*, 583-587.

Fisher, L. F. et al. "The Discovery of Synthetic Alizarin" *J. Chem. Ed. 1930, 7, 2609-2633.*

Couteur, P. L. "Napoleon's Buttons: 17 Molecules that Changed History", Tarcher/Penguin, New York, 2003.

Morris, P. J. T.; Travis, A. S. "A History of the International Dyestuff Industry", American Dyestuff Reporter, Vol. 81, No. 11, November 1992.

Rose, R. E. "Growth of the Dyestuffs Industry: The Application of Science to Art" *J. Chem. Ed.* 1926, *3,* 973-1132.

Garfield, S. "Mauve: How One Man Invented a Color that Changed the World" W. W. Norton & Company, New York, 2002.

Wainewright, M. "Dyes in the development of drugs and pharmaceuticals" *Dyes and Pigments* 2008, *76,* 582-589.

Webb, H. A. "Dyes and Dyeing" *J. Chem. Ed.* 1942, *19,* 460-470.

부록

고구려 고분벽화

2004년 유네스코 세계유산위원회에서 북한 소재 63기와 중국 소재 40기의 고구려 고분군이 세계문화유산으로 선정되었다. 북한과 중국에서 현재까지 약 20,000기의 고구려 고분들이 발견되었고 그중 120여기에 가까운 무덤에 벽화가 그려져 있는 것으로 알려져 있다. 고구려 고분의 벽화들은 현존하는 가장 오래된 우리 민족의 채색 회화 작품들로서 독특한 아름다움을 보여주고 있다.

고구려 고분벽화 이전 시기에서 한국 전통회화의 뿌리를 찾는다면 선사시대의 석기나 청동기에 새겨진 그림과 토기 표면에 선각된 동물상 및 바위에 새겨 그린 암각화를 들 수 있다. 암각화는 한반도의 동남부에 다수 발견되었으며 그중 하나가 보존 문제 등 여러가지 점에서 잘 알려진 울주 대곡리 반구대 암각화이다. 시간이 흘러 청동기시대 말기 또는 철기시대 초기의 고조선시대가 되면 청동의기류 유물들에서 선각문양을 새긴 공예화들을 볼 수 있다.

삼국이 국가체제를 제대로 갖추게 되는 4세기경부터 먹과 다양한 색채 및 붓의 사용으로 우리 민족의 회화가 이전에 비해 큰 발전을 이룬 것이다. 여기에는 왕권 중심의 귀족사회의 형성이 영향을 주었다. 지배층이 궁중건축과 불교미술 및 고분문화를 통하여 그들의 권위와 이념을 표현함에 따른 것이다. 이 시기에는 전문적인 화공들이 등장하게 되고 채색을 사용하여 새로운 사실적인 화풍이 발전하면서 우리의 새로운 고대 회화문화가 정립되었다.

삼국시대 회화의 발전을 주도한 궁궐과 사찰 등의 그림들은 건축물이 소멸되면서 모두 사라졌다. 그러나 사라진 삼국시대의 다른 그림들과는 달리, 고구려 고분벽화는 고구려 회화를 대표하는 유물일 뿐만 아니라 삼국시대 문화를 대표하는 우리의 위대한 문화유산으로 남아 있다.

북한에서 발굴된 고분은 평양지역과 평안남도 남포지역 및 황해도 안악지역에 주로 분포되어 있다. 중국에서 발굴된 무덤들은 주로 길림성 집안현에 있는 것들이며 요령성 환인현에서 발굴된 것도 있다. 발굴된 무덤들 중 가장 먼저 만들어진 것들은 1세기의 것들이고, 가장 늦은 것은 7세기경의 것들이다. 1세기에서 3세기 초까지 만들어진 무덤에서는 벽화가 발견되지 않았고 3세기 중반 이후부터 7세기까지는 벽화고분이 지속적으로 만들어졌다.

안타깝게도 고구려 벽화고분은 도굴과 손상이 심해서 정확한 축조시기를 추정하기 쉽지 않지만, 벽화의 제작 시기를 대체로 3세기 중엽에서 5세기 초에 이르는 초기와 5세기 중엽에서 6세기 초에 걸친 중기 및 6세기 중엽에서 7세기 초까지의 후기의 세 시기로 구분할 수 있다.

초기 고분벽화의 주제는 인물들과 생활풍속 및 장식무늬들이었으며 중기 벽화에는 인물풍속화와 장식무늬에 덧붙여 사신도가 등장하였다. 후기에는 외방(1실) 무덤의 네 벽면을 사신도로 장식하는 형식이 정착되어 후기 고분벽화의 전형으로 자리 잡게 되었다. 벽화고분들이 약 4백 년에 걸쳐 지속적으로 축조되었기 때문에 무덤의 구조형식과 벽화의 주제 등을 살펴보면 벽화고분들의 변화와 발전상을 알아볼 수 있으며 그로부터 벽화의 제작시기도 추정 할 수 있다.

벽화 제작기법에는 일반적으로 두 가지가 있는데 하나는 벽이나 천장 면에 다른 물질을 바르지 않고 면을 다듬은 다음 그 석면 위에 직접 색을 칠하는 조벽지법이고, 다른 한 방법은 석면에 석회를 물과 섞은 회반죽을 고르게 입혀 석회 마감벽을 만든 후 그 위에 색을 칠하는 화장지법이다. 조벽지법에서는 안료를 석면에 눌러 찍어 발라서 안료가 석질 사이로 잘 들어 가도록해야 한다. 그렇지 않으면 외부 공기의 유입에 의한 화학적 생물학적 변화로 벽화가 쉽게 훼손될 수 있다. 화장지법으로 제작된 벽화는 시간이 지나면서 회벽이 천장 면이나 벽면에서 떨어져 나와 벽화가 손상되는 경우가 생길 수도 있다.

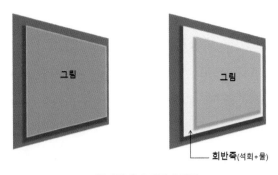

회반죽(석회+물)

조벽지법(좌)과 화장지법(우)

화장지법은 다시 두 가지 방법, 즉 면에 입힌 석회가 마르기전에 색을 칠하는 습지벽화법과 석회가 마른 뒤에 채색하는 건지벽화법으로 나뉜다. 서양에서는 습지벽화법을 프레스코(fresco) 기법이라고 하며, 건지벽화법을 세코(seco) 기법이라 한다. 습지벽화법에 의한 벽화에서는 아직 마르지 않은 회벽의 석회에 안료가 스며들므로 건지벽화법보다 벽화의 선명도가 떨어질 수 있다. 대신 시간이 지나면서 안료 위에 얇은 탄산칼슘 층이 생겨서 안료를 보호하므로 벽화의 밝기와 색깔이 더 오래 유지된다. 석회는 생석회와 소석회를 총칭하는 말이다. 생석회(산화칼슘)를 물과 섞으면 소석회(수산화칼슘)가 되고 벽화 표면의 소석회가 공기 중의 탄산가스와 결합하여 서서히 단단한 석회석(탄산칼슘) 층으로 바뀌는 화학적 변환이 프레스코화 기법의 과학적 배경이다.

프레스코 벽화에서는 생석회가 석회석으로 변했지만 반대로 석회석이 생석회로 전환될 수 있다는 것은 흥미 있는 사실이다. 실제로 생석회는 석회석을 공기가 차단된 상태에서 가열하여 얻는다. 다시 말해서 프레스코 벽화의 제작에 사용된 생석회는 석회석에서 얻어지지만 다시 석회석으로 돌아간다. 즉 석회석→생석회→소석회 →석회석으로 순환의 고리가 이루어진다. 무생물의 윤회라고 해야 할까. 불교를 믿다가 이승을 떠난 묘주의 무덤 벽화에는 석회석의 윤회를 담은 프레스코 벽화가 그려지는 게 더 바람직한 것일까? 다만 유럽에서는 습식화법에 의해 제작된 프레스코 벽화가 일반적이지만, 동양의 벽화들에서는 프레스코 기법에 의해 제작된 벽화가 거의 없는 것으로 알려져 왔다.

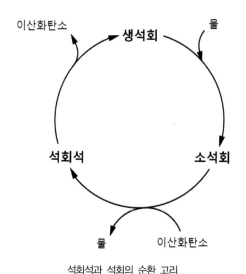

석회석과 석회의 순환 고리

그렇다면 고구려 고분벽화들은 어떤 기법으로 제작되었는가? 고구려 고분벽화 중 어떤 것은 석면 위에 직접 그림을 그린 조벽지법으로 만들어 졌고 일부는 회벽 위에 그림을 그린 화장지법으로 제작되었다. 회벽 위에 채색한 고구려 고분벽화들에 프레스코 기법이 사용되었는지 다른 기법이 사용되었는지에 관하여 학계의 의견이 엇갈리고 있어서 앞으로 체계적이고 과학적인 연구가 더 필요하다고 생각된다. 한국 학자들의 근래 연구결과들을 보면 고구려 고분벽화는 유럽식의 습식화법으로 제작된 것이 아니며 설사 습식화법으로 제작되었다 하더라도 유럽식의 완전한 프레스코 벽화와는 다르다는 주장들이 우세하다. 회벽이 마르지 않았을 때 그림을 그리기 시작했지만 완전히 회벽이 마르고 나서 그 위에 칠을 더 해서 마무리한 기법이 사용되었다는 주장이다.

그러나 유네스코 평양 고구려 벽화고분 조사팀의 일원으로 2004년과 2005년 벽화고분 조사에 참여하였던 안료 분석전문가인 이탈리아 볼로냐대학의 마체오(Mazzeo) 교수는 5세기 초에 축조된 덕흥리고분벽화가 유럽식의 프레스코 기법으로 제작되었다고 주장한다. 그는 여러 가지 동원 가능한 최신의 과학 장비를 이용하여 조사에 참여하여 얻었던 덕흥리고분벽화의 시료들을 분석하였고, 덕흥리고분벽화가 프레스코 기법으로 제작되었다는 과학적 근거를 2006년 그의 연구논문에 제시하였다. 그의 연구결과가 옳다면 덕흥리고분벽화가 현재로서는 동아시아 최초의 유일한 프레스코 벽화임을 의미한다.

황해도 안악군 오국리에서 발견된 안악3호분은 지금까지 발견된 고구려 고분 가운데 가장 큰 규모로 높이 약 7m, 봉토의 기저부 약 30m×33m에 달하는 돌방무덤이다. 1949년 채석공사 중 발견되어 우여곡절 끝에 1958년에 북한에서 보고서가 발간되었다. 2006년에는 고구려 벽화고분 보존실태 남북공동조사단에 의해 조사되었다. 안악3호분이 특히 주목을 끌었던 이유는 그 규모만이 아니라 무덤 내부에 피장자에 대한 묵서 명문이 있어서 무덤이 만들어진 시기를 4세기 중반인 357년으로 비교적 정확히 추정할 수 있었기 때문이었다. 따라서 이 무덤은 다른 고구려 벽화고분들의 연대를 추정하는데 하나의 기준을 제공하는 중요한 자리를 차지하게 되었다.

한편 이 무덤의 주인공이 누구인지에 대해서는 주장이 엇갈린다. 처음에는 무덤 내부에 새겨진 글을 묘주의 묘지명으로 인정하여 중국의 전연에서 고구려로 망명해온 장군 '동수'의 무덤이라고 생각했다. 그러나 무덤의 구조와 규모 및 벽화의 내용으로 보아 왕릉이라는 주장이 특히 북한 학자들 사이에서 제기되었다. 지금 북한에서는 한때 고구려 미천왕릉이라 했던 이 무덤을 고국원왕릉이라 한다.

벽화는 잘 다듬은 판석의 석면 위에 직접 그려졌는데, 이같이 조벽지법으로 그려진 벽화는 고구려 후기 고분벽화에서나 나타난다는 점을 고려할 때, 안악3호분벽화는 매우 특이하다 하겠다. 특히 2006년 남북공동조사단이 찾아낸 흥미로운 사실중 하나는 안악3호분의 일부 벽화들이 흰색 안료인 연백을 석벽위에 얇게 칠한 다음 그 위에 그려졌다는 것이다. 연백을 바닥 코팅으로 사용한 부분의 벽화는 그렇지 않은 벽화에 비해 그 색이 더 밝게 나타난다. 연백은 염기성 탄산납으로서 하이드러세루사이트(수백연광)라는 광물로 자연계에서 산출될 뿐만 아니라 그 제법이 기원전 3세기 문헌에 기록되어 있는 매우 오래된 안료이다. 연백은 화장품 원료나 회화 안료 및 건물의 페인트로 오랫동안 사용되어 왔으나 그 독성으로 말미암아 현재는 매우 제한적으로 사용되고 있다.

안악3호분에는 여러 개의 방이 있어서 집안 생활, 무악행렬, 연꽃무늬 등 여러 가지 그림들이 있는데 가장 중심이 되는 벽화는 서쪽 곁방의 묘주 부부의 초상화이다. 묘주가 입고 있는 마고자 같은 적갈색 내지 흑갈색 도포는 원래 적색 안료인 석간주(주토)로 칠한 것이며 옷깃과 소매단은 황토를 사용하여 황색으로 칠한 것이다. 적색인 석간주와 황색인 황토는 둘 다 산화철(III)이 주성분인 안료이다. 물 분자를 포함하지 않고 산화철(III)이 결정화된 무수산화철이 주성분인 경우 적색을 띤 석간주이고, 적절한 양의 물 분자를 포함하여 결정화된 함수산화철이 주성분인 경우 황색을 띤 황토이다. 이들 두 가지 산화철계 안료는 우리의 단청 안료로서만이 아니라 서양에서도 고대부터 현대까지도 사용되고 있다.

적색 안료 10여 종이 수록된 조선왕조실록에는 석간주와 주토를 다른 적색 안료라고 구분하여 놓았다. 숙종실록과 정조실록에는 석간주의 주산지가 울릉도라고 기록되어 있으며, 세종실록 지리지에는 주토는 청주, 안동, 황해도 황주, 강원도 평강과 금성 등지에서 산출된다고 기록되어 있다. 자연계에서 산출되는 석간주는 주성분인 산화철(III) 외에도 상당량의 점토와 석영을 포함하고 있으며 미량의 석회석과 탄산마그네슘도 포함하고 있다. 석간주가 어느 지역에서 산출되느냐에 따라 산화철(III)의 양이나 다른 성분들의 비율이 약간씩 다르고 색감도 약간 다르기 때문에 조선시대에는 산지에 따라 석간주와 주토를 구별하였다. 그러나 석간주나 주토는 적색을 내는 주성분이 산화철(III)으로서 둘을 더 이상 다른 안료로 취급하지 않는다.

안악3호분의 주인과 그 부인

안악3호분의 묘주가 입은 도포를 보면 바탕이 흑갈색이고 그 위에 여러 개의 선명한 적색의 굵은 줄들이 있다. 흑갈색의 도포의 바탕은 석간주와 흑색의 먹을 섞어서 칠한 것으로 보인다. 도포의 굵은 적색 줄들은 옷의 주름을 나타내기 위해서 석간주보다 더 선명한 적색 안료인 진사('선망의 붉은 기운 진사' 편 참조)를 사용하여 칠했다. 여기에 사용된 진사는 중국에서 수입한 것이라 예상되며 석간주보다는 훨씬 비싼 안료로서 그 주성분은 황화수은이다. 묘주부인의 적색 상의 소매단은 녹색 안료인 석록(말라카이트그린)으로 채색되었다. 석록은 공작석(말라카이트)으로 부터 얻은 안료로서 그 주성분은 구리를 포함하고 있는 염기성 탄산동이다. 이 녹색 안료를 우리나라에서는 석록이라고 한다. 녹청이라는 일본식 용어가 잘못 쓰이기도 한다.

덕흥리고분은 평안남도 강서구역 덕흥리 무학산 서남쪽 기슭에 위치하고 있는 앞방(전실, 前室)과 널방(현실, 玄室)으로 이루어진 두방 무덤(2실 고분)이다. 이 무덤 가까이에는 서쪽으로 강서고분 3기가 있고 남쪽으로 약수리고분 및 수산리고분 등 중요한 고구려 고분들이 산재해 있다. 이 고분에는 앞방 북쪽 벽 위쪽에 "영락 18년에 죽은 유주자사 진의 묘"라는 묵서명문이 적혀 있다. 영락은 광개토왕의 연호로써 영락 18년은 408년에 해당한다. 따라서 이 고분은 안악3호분 및 우산하3319호분과 함께 축조연대가 정확히 알려진 3기의 고분 중의 하나이다.

덕흥리고분의 묘주부부의 외출 행렬 벽화

　　앞에서 언급한 바와 같이 이탈리아 볼로냐 대학의 마체오 교수는 덕흥리고분벽화가, 동양의 벽화에서는 찾아 볼 수 없는, 프레스코화라고 주장하였다. 벽화의 내용을 보면 앞방에는 묘주의 공적인 사회생활 장면이 있고, 널방에는 묘주의 사적인 생활 장면이 묘사되어 있다. 널방과 앞방 사이 길에 묘주 부부가 시종에게 흑색 산개(햇빛 가리는 큰 양산)를 들리고 걸어서 나들이 하는 장면이 그려져 있다. 이 벽화에서 호위 병사들의 말은 황토와 석간주를 안료로 사용하여 황색과 적갈색으로 채색되어 있다. 다른 고구려 고분벽화에서와 마찬가지로 흑색 안료는 초목을 태워서 얻은 그을음에 아교를 섞어 만든 먹이 사용된 것으로 추정된다.

　　예로부터 흑색 안료로는 동서양 공통으로 석묵(흑연)이나 먹이 주로 사용되어 왔다. 석묵은 자연계에서 산출되는 광물성이고 먹은 식물성이지만 둘의 주성분은 동일하게 순수한 탄소이다. 중국에서는 먹이 나온 이후로 한동안 석묵과 먹이 함께 사용되었다. 그러나 한나라 때(기원전 202—기원후 220)에는 회화 안료로 거의 대부분 먹을 사용하였으며, 4세기 이후에는 석묵을 더 이상 사용하지 않은 것으로 추정된다. 우리나라에서도 고구려 고분벽화가 그려지던 시기의 회화용 흑색 안료로는 대부분 먹이 사용된 것 같다.

수레의 연녹색과 수레를 끄는 황소의 연녹색은 규산알루미늄 점토인 녹토를 사용하여 채색하였는데, 이는 안악3호분에서 사용된 석록(말라카이트그린)과는 다른 고대 녹색 안료이다. 천연안료인 녹토는 규산알루미늄이 주성분인 점토로서 해록석(글로코나이트)과 뇌록(셀라도나이트)의 두 종류가 있다. 그러나 해록석과 뇌록의 성분과 구조가 매우 비슷하기 때문에 구별하기 힘들다. 이 벽화에서 사용된 녹토는 그 주성분이 해록석인지 뇌록인지는 정확히 알려져 있지 않다. 묘주 부인의 얼굴은 살색으로 채색되었는데, 황색 안료인 황토에 흰색 안료인 연백을 첨가하여 만든 혼합 안료를 사용하여 그린 것으로 여겨진다.

씨름무덤 널방의 씨름 장면

춤무덤 널방의 사냥장면

현재의 중국 지역에서 일제강점기인 1935년에 처음 조사된 씨름무덤(각저총)과 춤무덤(무용총)은 통구평야인 길림성 집안현 우산

남쪽 기슭에 나란히 위치하고 있다. 이들은 대표적인 중기 고구려 벽화고분들로서 벽화들은 회벽위에 그려져 있으며, 벽화 주제는 생활풍속이다. 씨름무덤의 널방 동북쪽 벽에는 무덤 주인부부의 실내 생활 장면이 그려져 있으며, 동남쪽 벽에 있는 씨름 장면은 고구려 벽화 가운데 가장 흥미 있는 풍속화 중의 하나이다. 춤무덤 널방의 동남쪽 벽 중앙에는 여러 명의 무용수가 군무를 추고 있고 가락을 넣는 합창대와 관람하는 무덤 주인부부도 그려져 있다. 고구려 고분 벽화 중 가장 유명한 그림 중의 하나인 사냥 장면도 춤무덤 널방의 서북쪽 벽에 그려져 있다.

이 두 무덤에서 사용된 안료는 북한 지역 고분벽화에서 사용된 것과 같은 종류의 안료들인 석간주, 황토, 석록, 진사, 먹, 연백이다. 특기할 만한 사실은 일부 연구자들이 이 두 무덤 벽화의 적색 안료로 석간주와 진사 외에 연단이 사용되었다고 추정한 것이다. 연단의 주성분은 사산화삼납으로 납 원자 네 개와 산소원자 세 개가 결합한 납의 산화물이다. 이 두 무덤 벽화에 연단이 사용되었다고 추정했던 근거는 벽화의 적색 부분에서 석간주의 사용을 뜻하는 철 성분과 진사 사용을 의미하는 수은 성분이 검출되었을 뿐만 아니라 납 성분도 검출되었기 때문이었다. 연단 사용을 주장한 연구자들에 의하면 벽화 제작자들이 미리 적색 안료인 연단을 칠하고 그 위에 값비싼 적색 안료인 진사를 얇게 칠했다는 것이다.

그러나 납 성분이 발견되었다고 해서 연단이 적색 안료로 사용되었다는 주장이 옳다고 단정할 수는 없다. 왜냐하면 앞에서도 언급한 바와 같이 흰색 안료 연백을 바탕에 얇게 칠하고 그 위에 벽화를 그린 경우도 있으므로 적색 연단이 사용되지 않은 경우에도 연백에 의해 납 성분이 검출될 수 있기 때문이다. 그러므로 석면에 직접 벽화를 그린 경우 연백 바탕칠이 고구려 고분벽화에서 일반적인 것으로 보이지만, 회벽층 위에 벽화를 그린 씨름무덤과 춤무덤의 경우에도 연백 바탕칠 기법이 사용되었는가 하는 질문이 제기된다.

수산리고분의 색동치마를 입은 묘주 부인

1913년에 발견된 남포시 용강군 용강읍의 쌍영총벽화는 회벽 위에 그려져 있으나 연백 바탕칠 기법이 사용되었다는 연구결과가 2005년에 발표되었다. 더욱이 현대적 기기를 사용한 최근의 조사 결과도 고구려 고분벽화에서는 연단이 적색 안료로 사용되었다는 증거를 보여주지 않고 있다. 씨름무덤과 춤무덤 벽화의 적색 부분에서 검출된 납 성분은 적색 안료인 연단에 의한 것이 아니라 바탕칠에 사용된 백색의 연백에 의한 것이라 함이 타당할 것이다.

평안남도 대안시 수산리에서 1971년에 발굴된 수산리고분은 널방과 널길로 이루어진 외방 구조의 석실 봉토분으로써 5세기 후반에 축조된 것으로 추정된다. 2001년에 무덤 안에 유리 방벽을 설치하여 벽화를 보호하는 조치를 취하였다. 2006년에는 고구려 벽화고분 보존실태 남북공동조사단에 의해 조사되었다. 벽화는 회벽 층 위에 그려져 있는데 널방의 네 모서리와 상부에 아름다운 무늬로 장식된 기둥과 주두와 들보를 그려 넣어서 무덤 내부를 마치 목조 가옥의 내부처럼 보이게 하였다. 벽화의 주제는 인물 풍속도들이다. 특히 널방 서쪽 벽 위쪽 단에 그려져 있는 무덤 주인부부가 나들이 가면서 곡예를 관람하는 장면은 다른 벽화들보다 보존 상태도 좋은 유명한 그림이다.

세 사람의 곡예사를 향해 무덤 주인과 부인 및 시종들이 서 있다. 무덤 주인의 부인은 붉은 연지를 찍었으며 옷깃과 소매에 홍색 단을 댄 긴 저고리와 색동주름치마를 입고 있다. 고구려 여인들은 바지 위에 치마를 덧입는 것이 일반적이었는데, 색동치마는 고구려 시대 귀부인들이 입던 전형적인 의상이었다. 색동치마를 입은 이 부인의 옷차림을 닮은 여인의 벽화가 이보다 2백여 년 후에 일본에서 축조된 고분에서 발견되었다. 1972년에 발굴된 일본 나라현 다까마쯔즈까고분은 7세기 말에서 8세기 초 사이에 축조된 것으로 추정되는데, 이 고분에 있는 벽화의 색동치마를 입은 부인 그림은 고구려 수산리고분벽화와의 관련성이 제기되었으며 다른 몇 가지 논란도 불러 일으켰다. 수산리고분벽화 색동치마의 색상은 좌에서 우로 적색-연두색-백색-적갈색 순으로 배열되어 있다. 적색은 진사를 백색은 연백을 적갈색은 석간주를 안료로 사용하여 표현하였으며, 연두색은 녹토와 황토의 혼합 안료를 사용하여 표현한 것으로 보인다.

금박을 사용한 진파리4호분 연꽃 그림

6세기 초에 축조된 것으로 추정되는 진파리4호분은 평양시 역포구역 용산리(옛 평안남도 중화군 동두면 진파리)에 있는 널길과 널방으로 이루어진 외방 무덤이다. 이 곳의 벽화는 회벽 마감층 위에 그려져 있지만 보존 상태가 워낙 좋지 않아서 벽화의 훼손이 심하고 금박을 사용했다고 여겨지는 별들도 대부분 지워지거나 떨어져나간 후였다. 2006년의 조사에서는 시간과 장비의 제약으로 말미암아 널길 동쪽 벽에 그려진 수목 아래의 금색만을 조사하였다. 분석 결과 금 성분은 전혀 확인되지 않았으며 대신 비소 성분이 검출됨으로서 공동조사단의 실망감은 매우 컸던 것 같다. 비소 성분의 검출은 옛 부터 금의 대용 안료로 사용되어온 석황(황화비소)이 진파리4호분에 사용되었음을 시사한다. 그러다 2007년 한국문화재연구소 연구사 등 보존과학자 10명과 북한 문화재 당국자 6명으로 이루어진 남북공동조사단이 진파리4호분벽화를 다시 조사하였는데, 널방의 서쪽 벽 천장 받침대의 연꽃 문양에 금박이 사용되었음이 확인되었다. 이는 고구려 고분벽화에 금이 사용되었음을 밝힌 첫 번째 사례로서 전문가들과 뉴스미디어의 주목을 끌었다.

6세기 말에 축조된 강서대묘와 7세기 초에 축조된 강서중묘는 고구려 후기 벽화고분의 대표적인 고분으로 일제강점기에 발굴되었다. 후기 고분벽화인 강서대묘벽화와 강서중묘벽화의 주제는 사신도이며 그 세련됨과 화려함과 역동성에서 고구려 사신도 벽화들 중 가장 뛰어난 것들이다. 첨단기기를 동원한 2006년의 조사 분석에 의하면 강서대묘와 강서중묘의 사신도는 안악3호분벽화와 마찬가지로, 잘 다듬은 판석 위에 연백을 얇게 칠한 후 그 위에 그려진 것으로 추정된다.

사신도란 네 방향을 지키는 수호신인 상상의 동물 그림을 무덤의 벽면에 그려 놓은 것이다. 사신도는 오행사상과도 연결된다. 오행사상은 만물을 목(木), 화(火), 토(土), 금(金), 수(水)의 다섯 요소로 본 일종의 다원론이다. 음양오행에 따른 동, 서, 남, 북, 중앙의 다섯 가지 방위 및 청색, 백색, 적색, 흑색, 황색의 다섯 가지 색깔은 오행의 다섯 요소에 다음과 같이 대응된다. 목-동쪽-청색, 화-남쪽-적색, 토-중앙-황색, 금-서쪽-백색, 수-북쪽-흑색. 사신도 벽화에도 이와 같은 규칙을 찾아볼 수 있다.

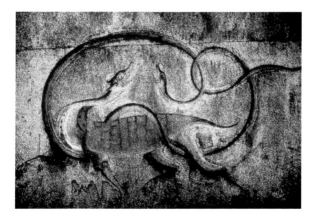

강서대묘 북벽 현무 벽화

강서대묘 동벽 청룡 벽화

현무는 검은 거북이를 뱀이 칭칭 감아서 뭉쳐 있는 모습을 가진 전설의 동물이다. 다른 고구려 고분벽화와 마찬가지로 강서대묘의 벽화에도 진사, 연백, 석간주, 황토, 석록 등이 안료로 사용되었다. 강서대묘의 널방 동쪽 벽 청룡 그림에서 청룡의 목과 목 띠 부분 흰색은 연백으로 칠해졌다. 청룡의 목 띠 부분의 녹색에는 석록이 사용되었고 청룡의 앞 아래 부분의 적색 안료는 진사로 밝혀졌다. 특히 주목을 끌었던 것은 청색 안료에 관한 것이었다. 강서대묘의 청룡 그림만이 아니라 다른 고구려 고분벽화의 청색 부분에서 대표적인 고대 청색 안료인 남동광(아주라이트)이나 청금석(라피스 라줄리) 성분이 전혀 발견되지 않은 것도 특이한 사실이다. 물론 남동광이나 청금석이 비싼 안료이고 우리나라에서 생산되지 않으므로 이들 염료들이 발견되지 않았다는 것을 외국과 비교하여 의외의 일이라 할 수도 없을 것이다. 고구려 고분벽화에서는 청색을 내기 위해 유기 청색 염료를 사용했으리라는 추정도 있지만 좀 더 연구가 필요한 부분이다.

강서중묘 남벽 주작 벽화

강서중묘 서벽 백호 벽화

　　강서대묘의 사신도는 청룡과 현무가 강조되어 있는 한편 강서
중묘에서는 주작과 백호가 중심적인 그림으로 더 잘 묘사되어 있다.
특히 강서중묘의 남쪽 벽에는 양쪽으로 좌우 대칭의 주작도가 두 개 그려져 있다. 주작은 날개를 활짝 펼친 붉은 새의 모습인데, 닭과 비슷한 형태에 뱀, 사슴, 용 등을 일부 닮았다. 남쪽 벽 동쪽과 서쪽에 그려진 두 주작의 모양과 크기는 같지만 세부 묘사는 다르다. 남벽 서쪽에 그려진 주작은 흑색의 먹으로 주작의 윤곽을 그리고 나서 적색, 황색, 녹색, 백색 안료로 벽화를 완성하였다. 연백과 먹을 사용하여 그려진 깃털도 섬세하게 묘사되어 있다. 강서대묘에서와 마찬가지로 연백과 먹 외에도 진사, 석간주, 황토, 석록이 안료로 사용되었다. 강서중묘 서쪽 벽 백호는 용의 모습으로 그려져 있으며 머리 부분은 호랑이를 닮았다.

강서대묘 천장 중앙 덮개돌의 황룡

사신도에는 오행의 다섯 요소가 아닌 목, 화, 금, 수의 네 요소만 들어 있는데 나머지 하나는 토이다. 토의 방향은 중앙이고 색깔은 황색이다. 실제로 강서대묘의 천장 중앙 덮개돌에 황룡이 묘사되었는데 이는 오행사상에 따라 중앙에 황색의 황룡을 배치한 것이다. 이렇듯 오행에 의한 청색, 적색, 백색, 황색, 흑색이 기본색으로 우주 생성의 오원색에 해당하며 이를 오정색 또는 오채라 부른다. 오채를 배합하여 한국 전통 건축에 적용한 채색기법을 통틀어 단청이라 한다. 그러니 고구려 고분벽화는 우리 단청 예술의 가장 오래된 유적이라 볼 수 있다.

고구려 고분벽화들로부터 우리는 고구려 귀족들의 생활상과 풍습을 알 수 있을 뿐만 아니라 당시의 신앙이나 종교, 정치 외교적 상황, 국제적 교류 등을 유추해 볼 수 있다. 우선 북방계 문화와 실크로드를 통해 들어온 서역의 요소들을 인지할 수 있다. 한편 고구려 고분 및 고분벽화는 신라 백제 일본 등의 고분과 벽화에 큰 영향을 끼쳤음이 또한 잘 알려져 있다. 357년에 축조된 안악3호분의 천정 등에 그려진 연꽃무늬들은 고구려에 불교가 들어왔음을 시사해 주고 있다. 당시 불교는 안악3호분이 축조된 시기보다 15년 뒤인 소수림왕 2년(372년)에 공인되었지만 무덤의 연꽃무늬를 통해 공인 전에 이미 고구려 지배층에 불교가 받아들여졌음을 알 수 있다.

고구려 고분벽화가 여러 가지 면에서 고구려적인 벽화로 완전히 정착하게 되는 때는 춤무덤과 씨름무덤 등 5—6세기 벽화부터 그 이후 시기이다. 이 시기는 장수왕 재위(413—491) 시기 및 그 이후로서, 고구려의 국력이 최고조에 이르고 그 영토도 가장 광대했던 시기와 일치한다.

그러나 6세기 후반과 7세기 초에 이르러 중국 수나라의 통일 (589년) 및 당나라의 통일(618년)은 고구려에 큰 자극과 위협이 되었으며, 뒤이어 연개소문의 정권 장악 등에서 보듯이 왕권이 약화되고 봉건 귀족층의 권력이 강화되었다. 왕권의 보호를 받으며 성장했던 불교는 쇠퇴하기 시작했던 반면에 귀족 지배층이 관심을 가졌던 도교적 사상이 부상하였음을 이 시기의 고분벽화가 잘 보여 주고 있다. 이 시기 벽화의 주제는 상상의 수호신인 사신도로 바뀌었으며, 무덤 천정에도 별자리, 선계의 인물상 등 신비주의적 도교 색채가 강하게 표현되어 있다.

회화 예술을 포함한 고구려 문화는 중국과 서역과 북방의 영향을 받은 것이 사실이지만, 고구려인들은 새로운 다른 종류의 문화를 창조하고 정립하여 그것을 신라 백제 가야 일본 등에 전달하였음을 고구려 고분벽화를 통하여도 알 수 있다. 고구려 고분벽화는 고구려인들이 독특한 특성을 가진 고대 동북아시아 문화를 이루고 발전시키는 중추적 역할을 하였음을 보여주고 있다.

참고문헌

유경숙 "조선왕조실록에 나타난 채색안료의 산지현황 연구" *한국색채학회논문집* 2013, *27*, 27-37.

이태호, 유홍준 "고구려 고분벽화" 도서출판 풀빛, 서울, 1995.

전호태 "고구려 고분벽화 읽기" 서울대학교출판부, 서울, 2008.

정종미 "우리 그림의 색과 칠: 한국화의 재료와 기법" 도서출판 학고재, 서울, 2001.

정호섭 "고구려 벽화고분의 편년에 관한 검토" *선사와 고대* 2010, *33*, 235-271.

채미영 "춤무덤과 씨름무덤의 벽화재료" *고구려연구* 1999, *7*, 275-321.

최무장, 임연철 편저 "고구려 벽화고분" 도서출판 신서원, 서울, 1990.

하용득 "한국의 전통색과 색채심리" 명지출판사, 서울, 2001.

한경순 "고구려 고분벽화 채색기법에 관한 연구―석회 마감벽을 중심으로" *강좌미술사* 2010, *35*, 349-372.

홍선표 "한국의 전통 회화" 이화여자대학교출판부, 서울, 2009.

"남북공동 고구려벽화고분 보존실태조사보고서, 제1권조사보고" 남북역사학자협의회 • 국립문화재 연구소, 2006.

"인류의 문화유산 고구려 고분벽화" 주식회사 연합뉴스, 서울, 2006.

Mazzeo, R.; et al. "Scientific investigations of the Tokhung-Ri tomb mural paintings (408 A.D.) of the Koguryo era, Democratic People's Republic of Korea" *J. Raman Spectrosc.* 2006, *37*, 1086-1097.

Nishitani, T. "Toward the Study of the History of Koguryo: Koguryo Relics Listed as World Cultural Heritage" *J. Inner East Asian Studies* 2006, *3*, 109-124.

UNESCO " Preservation of Cultural Heritage in the DPRK, Notably for the Yaksu-ri Tomb, Phase II, and Capacity Building at Korean Preservation Centre" Final Report, Phase II, UNESCO, Paris, 2007, p.149.

Veg, S., Ed. "Preservation of the Koguryo Kingdom Tombs" UNESCO, Paris, 2005.

Park, A.-R. "Colors in Mural Paintings in Goguryeo Kingdom Tombs" In Color in Ancient and Medieval East Asia; Dusenbury, M. M. Ed.; Yale University Press, New Haven, USA, 2015; pp. 89-115.

김관수

1971년 연세대학교 화학과 졸업.
1980년 캐나다 퀸즈대학교 화학과에서 PhD 취득 후 2년간 미국 하바드대학교 화학과
에서 Postdoc.
1982년부터 2013년까지 연세대학교 화학과 교수로 유기화학 강의 및 유기합성과 글리
코실화반응에 관한 연구 수행.
1995년 미국 스크립스연구소에서 방문과학자로 1년간 연구.
2014년 퇴임 후 5년간 연세대학교 명예특임교수.
현재 연세대학교 명예교수.

역사 속의 색채
과학과 예술의 만남

초판인쇄 2020년 8월 31일
초판발행 2020년 8월 31일

지은이 김관수
펴낸이 채종준
펴낸곳 한국학술정보㈜
주소 경기도 파주시 회동길 230(문발동)
전화 031) 908-3181(대표)
팩스 031) 908-3189
홈페이지 http://ebook.kstudy.com
전자우편 출판사업부 publish@kstudy.com
등록 제일산-115호(2000. 6. 19)

ISBN 979-11-6603-052-9 03900